AF467708

ÉDUCATION MORALE ET CIVIQUE

BIBLIOTHÈQUE DE LA JEUNESSE FRANÇAISE

L'ALGÉRIE

PAR

J.-H. LEMONNIER
Professeur d'histoire au lycée Saint-Louis

PARIS
LIBRAIRIE CENTRALE DES PUBLICATIONS POPULAIRES
H.-E. MARTIN, DIRECTEUR
45, RUE DES SAINTS-PÈRES, 45
1881

ÉDUCATION MORALE ET CIVIQUE

BIBLIOTHÈQUE DE LA JEUNESSE FRANÇAISE

PREMIÈRE SÉRIE

EN VENTE A LA MÊME LIBRAIRIE

Dans la même collection

PREMIÈRE SÉRIE

1° **Jeanne Darc,** par Henri Martin, sénateur, membre de l'Académie Française;

2° **La République des États-Unis,** par H. Maze, de l'École Normale supérieure, député de Seine-et-Oise, ancien préfet;

3° **Les Généraux de la République, Kléber,** par le même;

4° **Colbert,** par Augustin Challamel, auteur des *Mémoires du peuple français;*

5° **Carnot,** par H. Depasse, publiciste;

6° **Les Petits Maraudeurs,** par Aubin, ancien professeur de l'Université;

7° **Devoirs et droits de l'Homme,** par H. Marion, professeur de philosophie au Lycée Henri IV, membre du conseil supérieur de l'instruction publique;

8° **Histoire de la Littérature Française,** par de Parnajon, professeur au Lycée Henri IV;

9° **Le Remplaçant,** nouvelle, par Henri Druon;

10° **Les Colonies Françaises,** par E. Guillon, professeur d'histoire au Lycée de Lyon;

11° **Le Chancelier de L'Hospital,** par Auquez, inspecteur de l'Académie de Paris;

12° **L'Algérie,** par H. Lemonnier, professeur d'histoire au Lycée Louis-le-Grand.

Saint-Amand (Cher). — Imprimerie Destenay.

L'ALGÉRIE

L'ALGÉRIE

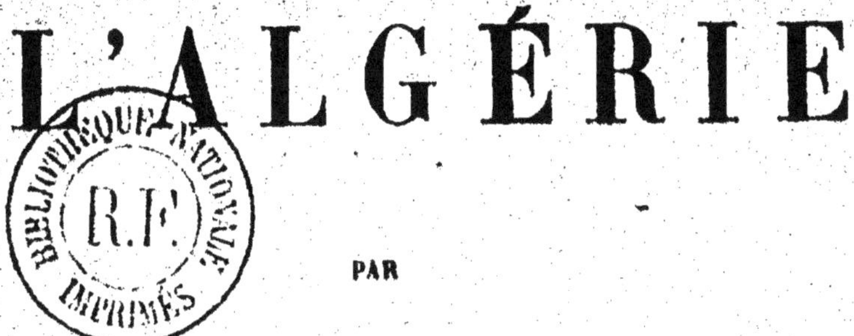

PAR

HENRY LEMONNIER

Professeur d'histoire au Lycée Louis-le-Grand.

PARIS
LIBRAIRIE CENTRALE DES PUBLICATIONS POPULAIRES
H.-E. MARTIN, DIRECTEUR
45, RUE DES SAINTS-PÈRES, 45,
1881

Alger.

L'ALGÉRIE

LA CONQUÊTE

—

LA PRISE D'ALGER

Lorsqu'en 1830 la guerre fut déclarée au dey d'Alger, et lorsque, le 25 mai, notre flotte quitta le port de Toulon, la plupart de nos marins et de nos soldats ne pensaient guère qu'ils allaient conquérir pour la France une colonie nouvelle. Mais tous savaient instinctivement qu'ils allaient venger, non-seulement l'insulte faite à notre drapeau, mais une longue suite d'outrages commis envers l'Europe. En effet l'existence, au nord de l'Afrique, des Etats qu'on appelait les États Barbaresques, était depuis plus de trois siècles comme un perpétuel défi à la civilisation et à toutes nos idées d'humanité.

L'Algérie, qui appartient aujourd'hui à la France, n'est elle-même qu'une partie d'une grande région, qui termine l'Afrique au Nord-Ouest, et qui s'étend depuis l'Océan Atlantique jusqu'au golfe de Gabès dans la Méditerranée.

C'est la région que les Arabes appellent dans son ensemble le « Maghreb », c'est-à-dire le pays du couchant. Elle se compose essentiellement des chaînes et des plateaux formés par l'Atlas, et elle comporte trois divisions politiques : le Maroc à l'Ouest, l'Algérie au centre, la Tunisie à l'Est.

Le « Maghreb » fut autrefois le siége de puissants empires, et de civilisations prospères ; à son extrémité orientale s'éleva Carthage, la rivale de Rome ; plus tard les Romains s'emparèrent du pays; ils devaient le garder pendant près de cinq siècles. Ils y accomplirent d'admirables travaux.

Ils élevèrent des villes imposantes, ils couvrirent le sol de constructions gigantesques, ils eurent, comme à Rome et comme en Italie, des temples, des routes, des aqueducs. Ce ne fût pas seulement sur le littoral que se dressèrent ces monuments admirables. Bien loin dans l'intérieur des terres, sur les hauts plateaux, au milieu des âpres montagnes de l'Atlas, le voyageur découvre avec étonnement ces ruines gigantesques, qui ont défié les efforts des siècles, et qui témoignent hautement de la puissance des conquérants.

La civilisation Romaine ne s'est pas seulement perpétuée dans ce pays par ses ruines ; ses monuments dans certaines parties de l'Algérie restent encore debout et utilisables. Dans la vallée de la Seybouse supérieure, on a retrouvé un aqueduc Romain ; il a suffi de le déblayer, et aujourd'hui on s'en sert pour irriguer plus de cinq cents hectares. A Tébessa, en 1842, c'était encore la monnaie Romaine qui avait cours. Cette domination a laissé de tels souvenirs, que le nom de Roumis désigne encore aujourd'hui, dans le langage Arabe, les Européens. C'est notre titre d'héritiers des Romains qui, aux yeux des indigènes, paraît justifier notre conquête. Un illustre savant, M. Léon Renier, qui a exploré l'Algérie, et qui en a fait revivre les inscriptions latines, raconte ce fait dont il fut le témoin et l'acteur.

Il copiait une inscription ; un arabe s'approche de lui : Tu connais donc cette écriture? — Oui, je la comprends et je l'écris, car c'est la mienne aussi. Regarde, ce sont nos lettres, c'est notre langue. — C'est vrai, répondit-il gravement ; puis, s'adressant aux indigènes qui l'accompagnaient : « Les Roumis, dit-il, sont vraiment les fils des Romains, et lorsqu'ils ont pris ce pays, ils n'ont fait que reprendre le bien de leurs pères. »

La Numidie et l'Afrique du Nord étaient à ce moment assez fertiles, pour mériter le surnom de *grenier de Rome*.

Cette prospérité tomba peu à peu ; en 410

après J.-C., les Romains furent chassés par un peuple barbare, les Vandales, auxquels succéda le peuple Arabe. Pendant tout le moyen âge l'Algérie resta, comme l'Afrique tout entière, dans une espèce d'obscurité, quoique les Arabes en somme aient accompli, eux aussi, de grandes choses, et développé les richesses du sol.

En 1518, deux frères, deux hardis pirates, Haroudj, et Khaireddin, surnommé Barberousse, vinrent s'établir à Tunis et à Alger, et en firent le centre de leurs déprédations dans toute la Méditerranée. Pour régulariser cette espèce d'usurpation, et pour obtenir un appui au besoin, ils se mirent sous la suzeraineté des puissants sultans Ottomans qui régnaient à Constantinople.

Alors, il n'y eut plus dans la Méditerranée aucune sécurité pour les chrétiens. Alger, Tunis, tous les petits ports du littoral, devinrent des repaires de bandits. Il en sortait incessamment des vaisseaux légers, des felouques aux voiles pointues, qui se répandaient sur les côtes d'Espagne, de France, et d'Italie, s'attaquaient aux navires de guerre comme aux navires de commerce, pillaient la cargaison, enlevaient l'équipage et conduisaient matelots et passagers sur cette côte africaine, qui fut à ce moment témoin de tant de souffrances. Vingt ans plus tard, en 1535, lorsque le grand empereur Charles Quint s'empara de Tunis, il n'y trouva pas moins de 20.000 captifs.

Charles-Quint avait réussi devant Tunis, il échoua devant Alger. Oui, le maître de l'Espagne, et presque du monde, le souverain devant qui l'Europe tremblait, l'Empereur qui avait tenu un roi de France prisonnier, eut l'humiliation de reculer devant des pirates. Il perdit sa flotte, son armée presque entière; et lui-même faillit périr; il est vrai que la tempête vint en aide aux Barbares, et que le ciel sembla favoriser la mauvaise cause.

A partir de ce moment l'audace des Corsaires barbaresques ne connut plus de bornes, ils se jouaient du Roi d'Espagne comme du Pape, du Roi de France comme de l'Empereur. Louis XIV lui-même, au temps de sa grande puissance, se contenta contre eux de démonstrations vaines; sans doute, il bombarda deux fois Alger: mais qu'importait aux pirates!

Un voyage dans la Méditerranée était alors plus périlleux qu'une expédition autour du monde. Bien plus, les habitants des côtes eux-mêmes n'avaient plus aucune sécurité. Combien de fois les pirates ne débarquèrent ils pas sur le littoral de la Sicile, en Provence même!

Ils eurent deux captifs illustres entre tous, le grand poète Espagnol Cervantes, l'auteur immortel de Don Quichotte, et le poète Français Regnard.

Et les choses continuèrent ainsi durant tout le XVIIIe siècle. Elles ne s'étaient guère améliorées au commencement du XIXe; en vain le congrès de Vienne avait décidé qu'il serait mis un terme à la piraterie, en vain deux expéditions avaient été faites contre les barbaresques. Les courses et les razzias maritimes recommençaient dans la Méditerranée, elles avaient eu lieu en 1825, à la veille même de la conquête.

Il était réservé à la France de faire ce que l'Europe n'avait pu accomplir. Nous avions depuis longtemps des démêlés avec le dey d'Alger. Il nous réclamait pour le droit de pêche, que nous possédions à la Calle, un tribut exorbitant; il se prétendait notre créancier, et nous avait adressé sommation d'avoir à lui payer la somme de 2.500.000 francs.

Notre consul, M. Deval, se trouvait à Alger dans une situation difficile. Le dey affectait à son égard un souverain dédain. En 1827, encouragé par notre longanimité, il ne craignit pas d'outrager publiquement et ouvertement notre représentant.

M. Deval a lui-même raconté la scène, qui nous montre au vif les habitudes de ces despotes orientaux. « Pourquoi, s'écria le dey, votre ministre n'a-t-il pas répondu à la lettre que je lui ai écrite? — J'ai eu l'honneur de vous porter la réponse aussitôt que je l'ai reçue. — Pourquoi ne m'a-t-il pas répondu directement? Suis-je un manant, un homme de boue, un va-nu-pieds? Mais c'est vous qui êtes la cause que je n'ai pas reçu la réponse de votre ministre; c'est vous qui lui avez insinué de ne pas m'écrire! Vous êtes un méchant, un infidèle, un idolâtre! » Se levant alors de son siége, il me porta, avec le manche de son chasse-mouches, trois coups violents sur le corps et me somma de me retirer. (C. Rousset, *conquête d'Alger*.)

Cette fois il fallait agir. On ne se décida cependant qu'avec lenteur; on se contenta de bloquer Alger; le dey s'inquiétait peu de ce blocus. Comme tous les Orientaux, il était porté à prendre notre patience pour de la crainte; en 1829 il rompit complètement: « J'ai de la poudre et des canons, disait-il à l'amiral La Bretonnière, et, puisqu'il n'y a pas moyen de s'entendre, vous pouvez vous retirer. » Le lendemain 3 août, le navire français, sous pavillon parlementaire, était assailli d'une grêle de boulets, au moment où il sortait du port, et passait sous le canon des forts. La populace s'associait par des cris sauvages à cet acte de défi.

Le 31 janvier 1830, l'expédition fut enfin résolue. Le contre-amiral Duperré devait avoir le commandement de la flotte; le ministre de la guerre M. de Bourmont devait avoir celui de l'armée. Le gouvernement de Charles X n'avait rien négligé pour le succès des opérations.

Onze vaisseaux de ligne, vingt-quatre frégates, et soixante-dix autres navires de guerre de moindre importance, trois cent-quarante-sept navires de transport, et cent-cinquante petits caboteurs, se trouvèrent au mois d'avril réunis dans la rade de Toulon, et dans les petits ports de la côte jusqu'à Marseille.

Ils devaient porter 27.500 marins et 37.000 soldats. Le 18 mai l'embarquement était terminé, et le 25 la flotte put prendre la mer. Ce fut un beau spectacle. « Tout à coup, le 25, il se fit dans le temps un changement favorable; force et direction du vent, tout venait à souhait, on épiait les signaux : à une heure l'appareillage ; deux heures après, toute la flotte était sous voiles. Vue des hauteurs de la rade, la flotte s'éloignait dans un ordre majestueux. Au centre et sur deux lignes parallèles, l'escadre de débarquement et l'escadre de bataille, la *Provence* en tête ; à quatre milles sur la droite, l'escadre de réserve, à quatre milles sur la gauche, le convoi ; à l'avant-garde, sept petits vapeurs ; c'était tout ce que la marine de l'avenir avait pu joindre à la marine du passé. » (ROUSSET.)

Le 13 juin au petit jour, on aperçut Alger qui se développa aux yeux émerveillés des Français. Le 14 l'armée prit terre sur la presqu'île de Sidi-Ferruch, et nos soldats se trouvèrent pour la première fois en face des cavaliers arabes, dont les charges brillantes vinrent se briser sur les carrés de notre infanterie.

Les Arabes et les Turcs cependant s'étaient retranchés sur le plateau de Staouëli ; nos troupes s'emparèrent du plateau, puis y soutinrent une furieuse attaque; c'est le combat de Staouëli. Lorsque les ennemis battirent en retraite, nous comptâmes nos pertes, elles s'élevaient à 57 tués et 473 blessés. Ce chiffre, peu en rapport avec l'acharnement du combat, et avec l'importance du succès obtenu, annonçait à nos soldats, d'une façon éclatante, le caractère qu'aurait jusqu'au bout la lutte contre les Arabes. Le vrai danger n'est pas à les attaquer, ni à recevoir leur choc en rase campagne ; il ne commence que si une troupe est forcée de battre en retraite ; il devient terrible dès qu'un corps se débande. La guerre d'Algérie devait être ainsi le triomphe de la force disciplinée sur l'ardeur militaire déréglée.

On le vit bien dans un engagement qui eut lieu le 28 juin ; 1500 à 2000 cavaliers Arabes avaient attaqué sans succès le 4e léger. Le commandant du bataillon, l'affaire finie, donne ordre de nettoyer les armes ; tout à coup les Kabyles et les Arabes se précipitent sur nos soldats, au milieu du bataillon dont l'unité a été rompue ; ils égorgent les fantassins sans défense, ils sabrent et coupent des têtes. L'arrivée de deux bataillons de renfort sauva seule le 4e léger d'une destruction totale.

Enfin on arriva devant Alger et devant le fort l'Empereur, qui était la principale défense de la ville. C'était une grande masse fortifiée dont les murailles avaient trois mètres d'épaisseur, et au milieu de laquelle s'élevait une tour ronde qui servait de magasins à poudre. Les murs étaient garnis de pièces d'artillerie de gros calibre.

A un kilomètre du fort l'Empereur se dressait la Kasbah, la citadelle, comprise dans un mur d'enceinte crénelé. Tous ces ouvrages, imposants au premier abord, étaient en assez mauvais état, les Turcs ne les ayant pas entretenus ; en beaucoup de points il n'y avait pas de fossé, ou il était à moitié comblé. On n'avait tenu compte d'aucun des progrès de la fortification et de l'artillerie modernes.

Le 4 juillet, le feu de nos batteries commença sur toute la ligne ; les Turcs y répondirent courageusement ; on voyait auprès des pièces les servants tomber et se succéder sans relâche. Mais notre feu était dirigé avec une précision parfaite, tandis que les boulets des Turcs n'arrivaient pas jusqu'à nous, ou dépassaient notre front. « A neuf heures du matin on ne distinguait plus chez eux que cinq ou six pièces, l'une d'elle n'était servie que par deux hommes... on vit quelque temps encore ces deux canonniers impassibles, charger et pointer tour à tour, sans souci du vide qui s'était fait autour d'eux, ni de l'isolement absolu, où ils allaient rester peut-être. En effet vers neuf heures et demie, quelques hommes d'abord, puis des groupes de plus en plus nombreux commencèrent à s'esquiver par la porte du fort, qui regardait la ville. En moins d'une heure on put compter plus de cinq cents de ces fugitifs. » (ROUSSET).

Tout à coup une explosion épouvantable retentit, des débris d'armes, de poutres rompues, de pierres, tombèrent au milieu de nos tranchées. Le magasin de poudre du fort venait de sauter. On pénétra dans la place que les défenseurs avaient abandonnée, et immédiatement des batteries françaises y furent établies et ouvrirent le feu contre la ville.

Le dey vit l'impossibilité de tenir dans Alger, il envoya deux négociateurs auprès du général en chef. Pendant qu'on discutait, l'artillerie de la ville et celle des Français continuaient à tirer, aussi les parlementaires n'étaient pas rassurés du tout. A chaque détonation, leur émotion était visible. « Un certain boulet Turc ayant sifflé de plus près à leurs oreilles, l'un d'eux plia tellement les épaules, que le général de la Hitte, le saisissant tout à coup par le bras, lui dit en riant : « Eh parbleu, de quoi vous inquiétez-vous? Ce n'est pas sur vous, c'est sur nous que l'on tire. » Le geste et le mot, bien français, firent fortune. (Rousset).

Le dey se décida enfin à accepter les conditions du vainqueur. « A midi, avait-il dit, les portes seront ouvertes à l'armée française. »

Nous entrâmes le 5 juillet, et le 6 le général en chef adressait à l'armée une proclamation où se trouvait cette affirmation légitime. « La reconnaissance de toutes les nations civilisées sera pour l'armée expéditionnaire le fruit le plus précieux de ses victoires. » Le trésor qui s'élevait à 80 millions, produit de longues rapines, alla, suivant l'expression du général en chef, « enrichir le trésor de la France », et servit à payer les frais de la conquête.

Quant au dey, il avait obtenu l'autorisation

de se retirer à Naples. La dignité de son attitude frappa vivement les vainqueurs. Les Musulmans retrouvent dans la défaite et dans le malheur une sorte de supériorité morale, qui tient à l'espèce de calme fataliste, avec lequel il les acceptent.

« J'avais toujours été convaincu, dit-il, de la justice de ma cause, mais je reconnais que je m'étais trompé, puisque j'ai été vaincu... Je dois me résigner à la volonté de Dieu. On m'a représenté comme un homme cruel et féroce ; que l'on consulte mes sujets, surtout les plus pauvres, et l'on aura la preuve du contraire ; je vous les recommande. » (Rousset).

Le 10, il quittait Alger ; avec lui prenait fin la puissance des Turcs en Algérie. Vingt jours avaient suffi « pour la destruction de cet État, dont l'existence fatiguait l'Europe depuis trois siècles. »

LA CONQUÊTE DE L'ALGÉRIE

Alger était prise, qu'allait-on en faire ? Les hésitations sur ce point étaient d'autant plus grandes, qu'à Paris la monarchie de Charles X avait été renversée, et qu'un nouveau gouvernement, celui du roi Louis-Philippe, allait se trouver dans la période de l'organisation et des difficultés. En effet, le 5 juillet, c'était le drapeau blanc qui avait été arboré sur la Kasbah ; le 17 août, le drapeau tricolore le remplaçait. Il y flotte encore.

Pendant de longues années, ni le gouvernement, ni les chambres, ni la nation elle-même, ne surent trop quel parti prendre à l'égard d'Alger et du pays soumis autrefois au dey. Occuperait-on seulement la capitale et les principaux ports ? N'exigerait-on sur le reste du pays qu'une suzeraineté nominale, et laisserait-on les grandes provinces entre les mains de chefs indigènes vassaux de la France? Entreprendrait-on l'occupation totale?

On flottait entre ces divers projets, et chacun des généraux suivait tour à tour un plan différent. On avait si bien fait par ces alternatives de défensive et d'offensive, qu'Alger même, en 1833, était menacé et insulté, et que les points conquis, Bône, Oran, Bougie, livrés à eux-mêmes et isolés, n'étaient qu'une possession toujours précaire.

C'est à ce moment, en 1833, que parut Abd-el-Kader. Abd-el-Kader a été notre grand ennemi, il a représenté, avec tous les défauts comme avec toutes les qualités de sa race, la cause de l'indépendance. On ne peut cependant méconnaître sa grandeur. Avoir réussi à lutter pendant plus de douze ans, sans ressources régulières, sans appui, sans armée véritable, à la puissance de la France ; avoir obtenu parfois même des succès éclatants, diplomatiques et militaires; avoir tenu en échec nos meilleurs généraux et nos hommes d'État les plus éminents, est certainement le fait d'une intelligence supérieure.

Nous pouvons d'ailleurs rendre d'autant plus facilement justice à cet ennemi glorieux et redoutable, qu'en définitive il nous a servi. Il nous a, pour ainsi dire, obligés à faire la conquête du pays, devant laquelle nous reculions. En nous attaquant, il ne nous laissait plus le choix; il fallait combattre, sous peine de perdre non-seulement la conquête commencée, mais notre prestige militaire. La guerre nous entraînait à étendre de plus en plus notre champ d'action; et l'abandon des points occupés une seule fois eut paru un acte de faiblesse, qui nous eût sans rémission compromis aux yeux des indigènes.

On fut donc amené à prendre toute l'Algérie pour prendre Abd-el-Kader, et quand on l'eût prise, il fallut bien la garder.

Abd-el-Kader était né en 1808, près de Mascara; il appartenait à la tribu des Hachems puissante par l'influence religieuse, et son père, en particulier, avait une grande réputation de piété, et même de sainteté.

Quand les Français parurent dans la province d'Oran, Abd-el-Kader fut mêlé à tous les épisodes de la lutte, et il s'y distingua par sa valeur. Il s'y distingua si bien, qu'en novembre 1832, il était choisi pour chef, pour sultan, par les tribus voisines de Mascara. Il avait 24 ans; son grand rôle allait commencer.

Abd-el-Kader avait tout ce qu'il faut pour séduire les Arabes : la noblesse de ses traits indiquait la pureté de la race ; la gravité de son maintien, son courage héroïque, son éloquence à la fois sentencieuse et poétique, son implacable justice, sa piété mystique, et surtout sa haine contre les Français, comme français et comme chrétiens, tout devait assurer son empire sur les indigènes, emportés par le fanatisme de la religion et de l'indépendance.

De 1832 à 1833, il travailla à réunir sous son influence les tribus de la province d'Oran, et proclama contre nous la *guerre sainte.*

Un grand succès diplomatique le mit en pleine lumière. A la suite d'escarmouches plus pénibles et fatigantes que redoutables, le général Desmichels, qui commandait dans Oran, signa avec lui, le 26 février 1834, le fameux traité dit traité Desmichels.

L'article I disait : « à partir de ce jour, les hostilités entre les Français et les Arabes cesseront. Le général commandant les troupes françaises et l'émir Abd-el-Kader ne négligeront rien, pour faire régner l'union et l'amitié entre deux peuples, que Dieu a destinés à vivre sous la même domination.... »

Ainsi la puissance de l'émir était reconnue, et il traitait d'égal à égal avec la France. Le résultat fut de lui donner la suprématie dans toute la province d'Oran, et l'année suivante, il ne craignait pas de revendiquer la souveraineté de la province de Tittery, voisine d'Alger. En face de nous, sous nos yeux, malgré notre défense, il s'emparait de Médéah.

La grande guerre, on peut le dire, commença en 1835. A cette époque nous n'occupions guère qu'Alger, et la Métidjah sans cesse ravagée par les incursions des Arabes, Bône et Bougie à l'Est, Oran et Arzeu à l'Ouest. En dehors de ces points stratégiques, et de quelques autres, notre autorité était purement nominale. Abd-el-Kader, au centre et à l'Ouest, la combattait à la fois par la force et par la ruse ; la grande ville de Constantine à l'Est refusait de la reconnaître.

Un douloureux échec, et qui eut un immense retentissement, obligea la France à faire un grand effort. Le général Trézel gouverneur d'Oran se porta contre Abd-el-Kader. Il avait 2,500 hommes, et s'était avancé à cinq lieues d'Oran ; il ne tarda pas à voir ses communications coupées, ses convois menacés. L'émir l'amusa par des négociations, bientôt rompues. Il fallut alors songer à la retraite ; on n'avait plus que pour quatre jours de vivres. Cette retraite fut désastreuse.

On s'égara au milieu de chemins inconnus ; arrivés sur les bords de la Macta, nos soldats se virent devancés par Abd-el-Kader, qui en occupait les défilés ; l'arrière-garde fut assaillie, plia, et sans le sang-froid de quelques soldats, toute la colonne eût été anéantie. Elle rentra à Arzeu ayant perdu 280 hommes tués, 17 prisonniers, et un canon ; elle avait eu 500 blessés, Abd-el-Kader, quelques jours après, écrivait au général en chef cette lettre dédaigneuse et sarcastique : « Espérant que la paix n'est pas rompue entre nous, je m'engage à aller vous débarrasser des incursions des Hadjoutes, dans la Métidjah, puisque vous ne pouvez vous en débarrasser vous-même. » (F. DUCUING ; *la Guerre de montagne*).

Abd-el-Kader cependant n'était pas encore en état de braver la France. A la nouvelle du désastre de la Macta, de graves résolutions avaient été prises. Drouet d'Erlon et Trézel avaient été rappelés, et le maréchal Clausel, nommé gouverneur-général, n'eut qu'à paraître devant Mascara, pour que l'émir fût obligé de s'enfuir. La fuite, ce devait être chez Abd-el-Kader, une partie de son système de défense; et avec le pays où se faisait la guerre, avec nos hésitations, le système avait du bon. En effet, le maréchal Clausel, après cette brillante « promenade militaire », était rentré à Alger, et l'émir put reprendre l'offensive et obtenir un nouveau succès à la Tafna. D'ailleurs de graves préoccupations attiraient notre attention du côté de l'Est.

Nous revendiquions le droit de suzeraineté sur la grande ville de Constantine. Ce droit fut méconnu, il était nécessaire de le soutenir par les armes. Le maréchal Clausel en 1836 entreprit une expédition contre la ville, mais il n'avait que ses forces insuffisantes ; sa marche fut entravée par les pluies, et lorsqu'il arriva devant les murs de la place, il s'aperçut bien vite qu'un siège en règle était impossible avec les moyens dont il disposait. Un assaut, deux assauts sont tentés en vain. Il faut battre en retraite. Mais la retraite avec les Arabes est toujours périlleuse. Cavaliers intrépides et admirablement montés, ou fantassins aventureux, les Arabes excellent dans la guerre de surprises, d'escarmouches. Ils sont d'ailleurs servis par la nature du pays, sans routes, couvert de forêts, de broussailles, coupé de défilés étroits, de vallées aux pentes rapides. En rase campagne l'arabe ne tient pas devant nous, mais le moindre rocher devient pour lui une sorte de forteresse ; il s'embusque derrière les buissons, il fond sur nos arrière-gardes engagées au milieu des défilés. Il aime surtout à se précipiter en masses de cavalerie rapide sur les colonnes en marche ; il les épuise, il les harcèle par des charges répétées, plus fatigantes sans doute pour nos soldats que périlleuses, mais où la moindre incertitude, la moindre hésitation est fatale.

C'est ce qu'on vit dans cette retraite de Constantine, un des plus désastreux et en même temps des plus glorieux souvenirs de la conquête. Le commandant Changarnier, à la tête de l'arrière-garde, s'y illustra.

On ne pouvait rester sous le coup d'un pareil échec. Bugeaud, qui gouvernait la province d'Oran, signa avec Abd-el-Kader, le traité de la Tafna, qui laissait à la France la liberté d'agir à l'Est, et en 1837, une nouvelle expédition recommençait contre Constantine. Cette fois, le général Damrémont, successeur de Clausel, disposait de forces considérables. Et cependant le succès était incertain.

En effet la victoire de l'année précédente avait exalté outre-mesure le fanatisme arabe, et de nombreux défenseurs, animés de la haine la plus ardente contre la France, s'étaient jetés dans la place. En outre, Constantine est dans une situation tout à fait à part, et qui la faisait considérer comme imprenable. Qu'on se figure un immense plateau, au milieu duquel les eaux d'une rivière, l'Oued-el-Kébir, ont creusé une étroite fissure, d'une profondeur de 2 à 300 mètres. En un certain point cette fissure forme un cercle presque complet, et elle entoure une masse de rochers, qui par trois côtés tombe à pic sur l'Oued-el-Kébir, et qu'un isthme étroit rattache seul au reste du plateau. Sur cette presqu'île de rochers est bâtie Constantine, abordable ainsi sur un seul point. Telle était la ville qu'il s'agissait de prendre.

Ce fut un siége héroïque; nos soldats une fois maîtres du mur d'enceinte, se trouvèrent en présence de fortifications improvisées ; puis, au milieu de ces rues étroites, avec le système de construction arabe, où les murs extérieurs ne sont percés que d'ouvertures rares et étroites, chaque maison devint une forteresse, qu'il fallut emporter d'assaut.

Constantine nous appartenait, mais la conquête nous avait coûté bien des hommes, et deux officiers héroïques : le général Damrémont et le colonel Combes.

Le problème de la conquête n'était pas résolu, tant qu'Abd-el-Kader restait en face de nous. C'était en vain que notre armée franchissait en 1839 le terrible défilé des « portes de fer », en vain que nos soldats se multipliaient partout.

En 1839, Abd-el-Kader proclamait de nouveau la « guerre sainte » et tout était remis en question. La prise du col de Mouzaïa, de Médéah, et même celle de Milianah, pouvaient ne paraître que des épisodes brillants, mais sans conséquence. Qu'était-ce, auprès du spectacle qu'offrait partout la colonie ? alors qu'aux environs d'Alger, nos colons, dans la Métidjah même, étaient massacrés, nos fermes incendiées, nos champs ravagés, alors qu'on ne pouvait sans une escorte imposante aller d'Alger à Blidah ? alors que chacun des points occupés par nous, isolé, perdu, était sans cesse menacé ou bloqué, et semblait démontrer, non pas la puissance de la France qui l'avait conquis, mais la force des Arabes toujours prêts à le ressaisir ?

Et cependant bien des efforts avait été faits ; le sang français avait coulé à larges flots ; ni les généraux, ni les officiers, ni les soldats n'avaient manqué à leur mission. L'Algérie avait déjà ses victimes, comme elle avait ses héros. C'est en effet pendant cette période de la guerre, que se forma une génération de capitaines illustres, entre lesquels trois surtout se placèrent au premier rang : Changarnier, Lamoricière, Cavaignac.

Les deux premiers excellaient dans l'offensive hardie et aventureuse ; leurs actions d'éclat, presque incroyables, légendaires, ne se comptaient plus. A la retraite de Constantine, Changarnier, que les Kabyles ont surnommé le dompteur, arrêtait avec trois cents hommes tous les efforts des Arabes, et formant incessamment son bataillon en carré, il commandait le feu, comme à la parade. Au col de Mouzaïa, calme et imperturbable, il faisait escalader à son régiment, sous les balles des Kabyles, des rochers aux parois presque perpendiculaires. Cinq assauts ayant été repoussés, il ordonnait, avec un sang-froid qui étonnait les soldats eux-mêmes, une sixième attaque qui réussissait enfin.

Lamoricière mêlait à ces qualités de soldat quelque chose de romanesque, un je ne sais quoi de fantaisie chevaleresque, qui rappelait les anciens paladins. Il était homme à débarquer seul sur le rivage de Bougie, pour en reconnaître le plan. Au siége de Constantine, il était monté le premier à l'assaut, et il avait disparu un moment dans la fumée produite par l'explosion d'une mine ; on l'avait cru perdu ; cent de ses soldats étaient restés sous les décombres, il en était sorti sain et sauf, par un bonheur inouï. Il avait d'ailleurs une intelligence prompte, active, curieuse ; il connaissait à fond l'Algérie, il avait appris en quelques mois la langue des Arabes, et s'était ainsi familiarisé avec leurs mœurs et leurs usages. (DUCUING).

Cavaignac avait une bravoure froide, austère pour ainsi dire, et bien en harmonie avec la gravité de son caractère, et la dignité de sa vie privée comme de sa vie politique. On ne peut s'empêcher en retraçant sa vie, de songer à ce Caton d'Utique, à ce type du Romain de la république, destiné à se dévouer sans espoir à une cause perdue. Déjà, il était chargé de tenter les missions difficiles, ingrates, obscures, qui ne donnent que la satisfaction du devoir accompli, et auxquelles est réservée seulement la gloire pure que distribue l'histoire. On l'envoyait à Tlemcen au milieu des Arabes ; il y restait pendant un an, bloqué, perdu, isolé, sans nouvelles de la France ; à Cherchell, aussi abandonné sur le bord de la Méditerranée, qu'au milieu des montagnes de l'Atlas. Partout il était également grand, parce que sa grandeur tenait, non pas aux circonstances, mais au caractère.

A côté d'eux, les soldats : nos fantassins, portant sur la terre africaine leurs qualités de patience, de ténacité, de courage simple et inconscient ; les Zouaves, création nouvelle, réunissant toute l'ardeur déréglée du Kabyle à la correction de la discipline française ; les tirailleurs de Vincennes formés en 1838, faits pour les marches rapides, pour les escarmouches aventureuses ; les chasseurs d'Afrique pour qui semblait avoir été créé le cheval Arabe, et dont les indigènes comparaient les charges au terrible Simoun ; les spahis enfin, ces Zouaves à cheval.

Et cependant tous ces éléments n'avaient rien produit faute d'avoir été utilisés. On n'avait pas su utiliser davantage ce qu'on pourrait appeler le courage civil des 27000 émigrants, qui avaient été, au milieu des balles, mettre leur activité au service de la colonisation ; enfants perdus et souvent martyrs de la conquête, que l'histoire ne doit pas oublier, puisqu'ils ont, eux aussi, frayé la voie à leurs successeurs plus heureux.

Enfin, c'était inutilement aussi, à ce qu'il semblait, que le propre fils du roi Louis-Philippe, le duc d'Orléans, avait été porter à notre armée et à nos colons l'appui de son nom et de son courage.

Tout n'avait abouti qu'à des résultats précaires.

C'est alors qu'arriva, le 22 Février 1841, Bugeaud, nommé général en chef et gouverneur de la colonie. Bugeaud a été le véritable conquérant de l'Afrique, où il est resté de 1841 à la fin de 1847. Il a eu le mérite de concevoir et surtout d'appliquer le seul système de guerre possible contre Abd-el-Kader ; il a eu le mérite encore plus grand de comprendre, que l'Algérie ne serait pas conquise seulement par l'armée, mais aussi par les colons.

C'était un rude soldat que Bugeaud ; il avait du soldat toutes les qualités, et peut-être aussi quelques défauts : la simplicité, la franchise, la brusquerie, la cordialité, la bonhomie un peu vulgaire ; « le père Bugeaud », disaient nos troupiers qui l'avaient deviné, et qui l'aimaient, malgré sa sévérité parfois brutale. Mais Bugeaud avait en même temps les talents du général, au moins pour la guerre d'Afrique, puisqu'il n'a pas pu donner sa mesure ailleurs.

Il vit que l'occupation restreinte était aussi difficile que semblait l'être l'occupation totale et définitive. Avec des ennemis comme les Arabes, il n'y avait qu'un moyen pour les vaincre, c'était de les accabler. Il fallait la guerre continue, incessante, la poursuite sans fin ni trêve. La lutte ne serait finie, que lorsqu'Abd-el-Kader serait prisonnier ; et pour prendre Abd-el-Kader, il fallait commencer par prendre l'Algérie.

C'est alors qu'on organisa les colonnes mobiles ; c'étaient autant de corps de 4000 hommes, ayant chacun leur cavalerie, leur infanterie, leur artillerie ; on appliquait en grand le système des razzias pratiqué par les arabes eux-mêmes.

Dans le courant de 1841 et de 1842, nos troupes parcoururent ainsi toute l'Algérie, elles allèrent jusqu'au seuil du désert, elles pénétrèrent pour la première fois dans les montagnes de la Kabylie, plus terribles que le désert lui-même. Abd-el-Kader, traqué, poursuivi par Lamoricière, fut vingt fois au moment d'être pris ; il n'échappa que par le dévouement des siens. En même temps que les colonnes mobiles se portaient dans toutes les directions, Bugeaud créait des établissements militaires fixes, destinés à servir à la fois de points de départ pour l'attaque, et de points de concentration pour la résistance. C'est ainsi qu'on fonda ou qu'on fortifia, Orléansville, Ténez, Tiaret. Des routes, construites par nos soldats eux-mêmes, mettaient en communication toutes les parties de la colonie avec la capitale. (F. DUCUING ; *la Guerre de montagne*).

Mais Abd-el-Kader n'était pas un ennemi vulgaire ; il « fuyait pour mieux combattre ». Nos troupes avaient à peine disparu, qu'il reparaissait, ramenait à lui par le triple ascendant de la religion, de la politique, et de son prestige personnel, les tribus un moment soumises, et recommençait la guerre.

Il avait d'ailleurs constitué à la limite du désert une organisation puissante, et que nous pouvions à peine soupçonner. Le pays qui lui était soumis avait été divisé par lui en huit khalifats, il avait fait construire ou rétablir sur le plateau 7 places fortes ou camps retranchés ; il avait une armée régulière de 8000 fantassins et de 2000 cavaliers, 20 pièces de campagne servies par 240 artilleurs. Il y avait là tous les éléments d'un gouvernement régulier. Il s'était même préoccupé de relever la religion, de développer l'instruction, de régulariser la justice. Il en était venu, c'est lui qui le racontait au général Daumas, à ce point, que les Arabes vivant sous la tente avaient renoncé à entraver les chevaux pendant la nuit. Quand on en faisait la remarque, ou qu'on en demandait la raison, les Arabes répondaient : « les entraves du sultan sont là, nous n'avons plus besoin de nous servir des nôtres. » La morale publique avait également provoqué ses réformes, et, « si Dieu l'avait voulu, j'aurais fini, disait-il plus tard, par replacer les Arabes dans la voie du Koran, dont ils se sont tant éloignés. » (BELLEMARE ; *Abd-el-Kader*).

En 1843, on put croire notamment que tout serait à faire ; mais cette fois les précautions avaient été bien prises, les deux années de guerre hardie et méthodique avaient porté leurs fruits. L'émir se heurta partout à nos postes, ou à nos soldats, et fut bientôt poursuivi par le duc d'Aumale, qui s'emparait, le 15 mai 1843, de sa Smalah, c'est à dire d'une sorte de ville nomade, véritable capitale mobile d'Abd-el-Kader. Ses tentes, sa famille, ses trésors, tombèrent en notre pouvoir. Mais Abd-el-Kader n'était pas là.

Le coup n'en était pas moins rude. Abd-el-Kader a évalué à un chiffre considérable la population de la Smalah, un dixième, d'après lui, tomba entre nos mains. « Quand un Arabe avait perdu sa famille dans la Smalah, il lui fallait quelquefois deux jours pour la retrouver. Là où nous campions, nous mettions à sec les ruisseaux, les puits, les mares...... Quand j'avais dressé ma tente, chacun connaissait l'emplacement qu'il devait occuper. Autour de moi, de ma famille, de mon petit trésor, j'avais toujours trois ou quatre cents fantassins réguliers.....Si je m'étais trouvé là quand les tiens arrivèrent, nous aurions combattu pour nos femmes, pour nos enfants, et vous eussiez vu sans doute un grand jour. Mais Dieu ne l'a pas voulu.... » (BELLEMARE ; *Entretien d'Abd-el-Kader avec le général Daumas*).

Cette fois cependant, il dut se réfugier dans le Maroc, et l'empereur Abd-er-Rhaman, poussé par une population fanatique, consentit à lui donner ouvertement asile.

La France outragée déclara la guerre au Maroc ; guerre facile, jeu d'enfant, tant qu'on aurait à combattre en rase campagne les troupes de l'ennemi. La veille de la bataille de l'Isly, le 12 août 1844, Bugeaud rédigeait, dit-on, le compte-rendu de la victoire du lendemain, et ce compte-rendu était exact ! L'empereur, battu à l'Isly, voyant ses ports de Tanger et Mogador bombardés, traitait avec la France, et s'engageait à chasser Abd-el-Kader.

La victoire de l'Isly a plus fait pour la gloire de Bugeaud, que les services incomparables qu'il a rendus en Afrique, que cette guerre incessante, que ces efforts sans cesse répétés, que cet ensemble d'opérations militaires, conduites avec autant d'art par le général en chef, que d'énergie par les lieutenants.

Bugeaud fut nommé maréchal, duc d'Isly ; c'était la juste récompense de ses succès et de ses mérites.

L'Algérie en 3 ans avait été transformée ; le nombre des colons s'était élevé de 27,000 en 1839, à 65,000 en 1843 ; 19 routes avaient été percées, 22 centres de population installés; nos marchands pénétraient jusqu'à 80 lieues dans l'intérieur. Autour du maréchal se groupait encore toute la génération des premiers généraux de la guerre africaine : Lamoricière Changarnier, Cavaignac, Bedeau, et sous eux s'était formée une génération nouvelle, à laquelle appartiennent Pélissier, Canrobert, Mac-Mahon, Bosquet, etc. Il lui était réservé d'achever la conquête, et d'accomplir encore de grandes choses.

En effet, en 1845, Abd-el-Kader reparaissait tout-à-coup dans un effort désespéré. Les tribus avaient été agitées par des prédicateurs fanatiques, une sourde fermentation régnait partout. Un chef de partisans, Bou-Maza, soufflait l'esprit de révolte.

Au mois d'avril 1845, trois cent soixante tirailleurs de Vincennes furent tout à coup attaqués entre Orléansville et Ténez par des bandes de Kabyles, et, sous la conduite de Canrobert, parvinrent à se dégager, après une lutte de deux jours entiers. En septembre, et pendant l'absence de Bugeaud, Abd-el-Kader se déclarait, et il ouvrait la lutte par un grand succès. Le colonel Montagnac, avec 350 tirailleurs de Vincennes et 60 hussards, se laisse attirer dans un guet-apens. Quatre-vingts tirailleurs seuls échappèrent au premier combat, et parvinrent à se réfugier dans un marabout, où ils tinrent pendant trois jours. Mais les vivres étaient épuisés ainsi que les munitions, ils se précipitèrent baïonnette en avant au milieu des Arabes; douze d'entre eux seulement regagnèrent la place! C'est le combat de Sidi Brahim. (DUCUING.)

Mais Bugeaud était de retour; l'effectif de l'armée est porté à 106,000 hommes, quinze colonnes sont mises en mouvement. Abd-el-Kader, d'agresseur, devient bientôt poursuivi; il échappe par la rapidité extraodinaire de ses marches aux corps d'armée qui se ferment peu à peu sur lui et l'enserrent, il fait 50 lieues en deux jours, et retrouve un asile et des partisans. Surpris de nouveau dans la nuit du 7 février 1846, il a un cheval tué sous lui, se trouve pendant quelques instants mêlé à nos soldats, et ne parvient à se sauver que grâce à la simplicité de ses vêtements (BELLEMARE, *Abd-el-Kader*). Cependant toutes les tribus l'abandonnent peu à peu; non seulement elles refusent de se joindre à lui, mais elles répugnent à le recevoir. Le 18 juillet 1846, il rentre dans le Maroc, non plus même en combattant vaincu, mais en fugitif traqué.

La guerre était finie; le sultan du Maroc, sommé de livrer Abd el-Kader, lui enjoint « de se livrer entre nos mains, ou de reprendre le chemin du désert; dans le cas d'un refus, des ordres sont donnés pour l'expulser par la force du territoire Marocain. » Il reste à celui-ci 1200 cavaliers et 1000 fantassins; il se décide enfin à rentrer en Algérie, et, enfermé par les habiles dispositions du général Lamoricière, il se remet entre les mains des Français. (Déc. 1847).

3

Ce n'était pas le maréchal Bugeaud qui allait avoir l'honneur de la capture ; depuis le commencement de 1847, il avait abandonné l'Algérie, et avait été remplacé par un des fils du roi Louis-Philippe, le duc d'Aumale, nommé gouverneur général.

L'entrevue entre le représentant de la France et le dernier défenseur de l'indépendance Algérienne, fut solennelle, et marque une date.

« J'aurais voulu faire plus tôt ce que je fais aujourd'hui, dit Abd-el-Kader, j'ai attendu l'heure marquée par Dieu. Le général m'a donné une parole, sur laquelle je me suis fié ; je ne crains pas qu'elle soit violée par le fils d'un grand roi, comme celui des Français. »

« Son Altesse Royale confirma par quelques paroles simples et précises la parole de son lieutenant. Une dernière cérémonie eut lieu dans la journée du lendemain. Au moment où son Altesse Royale rentrait d'une revue, l'ex-sultan s'est présenté à cheval, entouré de ses principaux chefs, et a mis pied à terre à quelques pas du prince. « Je vous offre, a-t-il dit, ce cheval, le dernier que j'aie monté, c'est le témoignage de ma gratitude, et je désire qu'il vou porte bonheur. »

« Je l'accepte, a répondu le prince, comme un hommage rendu à la France, dont la protection vous couvrira désormais, et comme un signe d'oubli du passé. » (*Moniteur Algérien.*)

On avait promis à Abd-el-Kader de le conduire soit à Alexandrie d'Égypte, soit à Saint-

Jean d'Acre en Syrie. Cette promesse ne fut pas tenue ; il fut transporté à Toulon, puis enfermé au château de Pau, et ensuite à Amboise. Ce fut en 1852 seulement que le prince Louis-Napoléon lui donna la liberté et l'autorisa à se rendre en Asie Mineure. Il a fini par se fixer en Syrie, à Damas ; il y vit noblement et dignement, et en 1860, lors des épouvantables massacres qui ensanglantèrent la ville, c'est auprès d'Abd-el-Kader, que nos compatriotes et les chrétiens trouvèrent un asile. Pendant cinq jours il lutta héroïquement contre l'émeute et le fanatisme, et 12,500 chrétiens furent sauvés par lui des fureurs d'une population haineuse.

La prise d'Abd-el-Kader avait eu lieu à propos. Qui sait ce qui fût arrivé, si deux mois plus tard l'émir s'était encore trouvé là pour entraîner les indigènes?

Le 28 février 1848, on apprit à Alger la nouvelle de la révolution de février ; le trône de Louis-Philippe était renversé, comme l'avait été celui de Charles X.

Ces événements ne pouvaient avoir en Algérie d'autre conséquence que d'amener un trouble momentané dans l'administration.

La conquête à ce moment était terminée ; il ne restait qu'à assurer le développement de la colonisation par des garanties données à la sécurité. Ce fut l'œuvre à laquelle s'employèrent nos généraux, nos officiers, nos soldats, œuvre qui n'était ni sans difficultés, ni sans gloire.

A ce moment, nous occupions à peu près tout

le Tell, et la plus grande partie des hauts plateaux au moins par les points stratégiques. Nous avions conquis en 1845 Biskra à la porte du désert, et Tuggurt nous payait tribut ; en 1852 Laghouat tomba en notre pouvoir. Mais il devait y avoir encore bien des résistances isolées, et l'histoire des 20 années qui suivirent 1848, nous offrirait plus d'un trait d'héroïsme. Un des épisodes les plus célèbres et les plus douloureux de ces luttes fut précisément le siége de Zaatcha en 1849. On ne s'empara de la ville qu'après un long blocus, et deux assauts que les Arabes soutinrent avec une énergie désespérée ; les habitants furent exterminés ; Zaatcha ne s'est pas relevée de ses ruines.

Il restait cependant à quelques lieues d'Alger, entre cette ville et Bougie, toute une région, une sorte de forteresse montagneuse qui avait gardé son indépendance. Le Lalla-Khédidja, le plus haut sommet de ces montagnes, était sans cesse pour nous comme une menace, un défi, et un but. Cette région, c'est la région du Djurjura, à laquelle nous avons donné le nom de Kabylie. Elle est habitée par un peuple énergique, rude, vigoureux, qui appartient à la race dite Berbère, et qui a conservé l'amour farouche de la liberté. Grâce à la nature même de leur pays, les Kabyles avaient échappé jusque-là à la domination française, et Bugeaud lui-même n'avait fait que montrer notre drapeau au milieu de ces hautes vallées, mais sans pouvoir l'y fixer. La Kabylie resta pendant longtemps comme enveloppée pour nous de terreurs et de mystère. On apercevait de loin ses hautes cimes, ses rochers brûlés par le soleil, les anfractuosités de ses gorges, et aussi ses immenses forêts, ses prairies, ses cultures, ses villages; mais on n'osait y pénétrer.

Ce fut en 1856 seulement que les Kabyles attirèrent eux-mêmes nos armées, en se soulevant contre notre domination toute nominale. On se décida à agir avec vigueur, et à la suite de deux campagnes, le maréchal Randon reçut en 1857 la soumission de toutes les tribus composant la Kabylie.

Depuis ce moment, il y a eu des insurrections, mais partielles ; en 1864 celle des Ouled-Sidi-Cheikh dans le Sahara, celle des Flittas dans la province d'Oran. Elles ont eu parfois pour résultat de montrer que nos colons pouvaient se suffire à eux-mêmes, et c'est par eux seuls que fut victorieusement défendue la ville de Rélizane attaquée en 1864.

L'insurrection de 1871 fut plus redoutable. C'était l'époque de nos grands désastres; les Arabes et les Kabyles des provinces d'Alger et de Constantine crurent le moment propice, et se soulevèrent. Et cependant combien n'y avait-il pas eu de leurs compatriotes et coréligionnaires mêmes à soutenir la cause de la France contre l'Allemagne ! Ce n'était pas sans émotion qu'on avait vu arriver à Paris, non plus seulement nos soldats d'Algérie, non pas seulement nos colons venant verser leur sang pour la mère-patrie, mais des Kabyles, des Arabes, combattant sous notre drapeau, mêlant à nos uniformes leur costume national.

L'insurrection s'étendit bien vite. Batna, Sétif, Dellys, Cherchell étaient assiégées ou menacées, les habitants de Palestro étaient massacrés, les révoltés même arrivèrent jusqu'à 37 kilomètres d'Alger. Une vigoureuse répression leur montra qu'ils avaient trop présumé de leur force, et de la faiblesse de la France, que célébraient à l'envi, et ses vainqueurs, et peut-être même d'anciens alliés qui nous devaient tant.

Aujourd'hui l'Algérie est pacifiée, et on peut le dire, à tout jamais, du moins en tant qu'il s'agit du Tell. La grande question est plutôt de savoir jusqu'où on ira, particulièrement du côté du Sud. Ouargla, puis El Goléah en 1873, ont reconnu notre suzeraineté, et c'est en plein désert que flotte notre drapeau. Faut-il dès maintenant le porter plus loin? Grave question, dans l'examen de laquelle il faut se mettre en garde, à la fois contre les esprits trop aventureux et contre les esprits trop timorés. Une question plus importante attire l'attention, celle de la colonisation. Que peut-on faire et qu'a-t-on fait de l'Algérie ? C'est à quoi nous allons répondre.

GÉOGRAPHIE

—

CONFIGURATION, ÉTENDUE, SUPERFICIE DE L'ALGÉRIE

L'Algérie actuellement française est bornée, au Nord par la Méditerranée, à l'Ouest par le Maroc, à l'Est par la Tunisie, au Sud par le désert.

L'ensemble de tous les pays algériens qui sont soumis à notre domination directe, ou qui reconnaissent notre souveraineté, présente une longueur de 1100 kilomètres environ, du Sud au Nord, et une largeur à peu près égale de l'Ouest à l'Est.

La superficie totale est d'à peu près 660,000 kilomètres carrés, la superficie, jusqu'à présent « utile » est de 350.000 kilomètres carrés ou peu s'en faut. C'est presque les 7/10 de la superficie de la France qui comprend 528,000 kil. carrés.

Ce grand pays présente des caractères différents suivant les régions, et la nature y a marqué elle-même de grandes divisions.

LE LITTORAL

De Marseille ou de Port-Vendres on arrive en 36 heures à peu près en vue des côtes Algériennes.

Ces côtes se prolongent sur une étendue de onze cents kilomètres environ appartenant à la France. Le dessin sur la carte en est simple, il se compose d'une grande ligne découpée par quelques infractuosités peu profondes. Prise de Bone à l'est ou d'Oran à l'Ouest, cette ligne monte graduellement et insensiblement vers le Nord, et elle atteint son point le plus saillant au promontoire qu'on appelle les *Sept Caps*. Elle y dépasse le 37° degré de latitude Nord.

La côte Algérienne est peu favorable à la navigation, les baies y sont rares et trop ouvertes, les mouillages peu abrités. Le vent du Nord-Ouest est particulièrement dangereux en certains endroits; lorsqu'il vient à souffler brusquement, les navires sont comme enlevés et jetés à la terre par une force irrésistible. Le péril, toujours grave, était autrefois plus redoutable encore; car si l'on échappait aux fureurs de la mer, c'était pour tomber aux mains des populations barbares qui occupaient le pays. A la veille même de la conquête d'Alger, au moment où une flotte française bloquait le port, trois embarcations furent ainsi entraînées, et vinrent s'échouer. Les malheureux marins et soldats qui les montaient, furent assaillis par une foule furieuse, rendue encore plus cruelle par l'approche des français; cent d'entre eux furent massacrés et leurs têtes sanglantes envoyées à Alger. Nous y retrouvâmes quelques jours plus tard ces sauvages trophées.

Aujourd'hui ce danger a disparu, mais il a fallu, sur tous les points, que le travail de l'homme corrigeât la nature; on a rectifié, on a amélioré le littoral; les baies trop ouvertes ont été fermées par d'immenses digues; les rades exposées au vent ont été protégées par des môles. Grâce aux efforts incessants de cinquante années, la côte algérienne est devenue plus abordable.

Elle reste toujours peu rassurante au premier aspect; presque partout elle est dominée par une muraille de roches grisâtres et dénudées, qui descendent vers la mer en pentes abruptes; ailleurs elle s'étend en longues plages de sables et de marécages. Cependant le voyageur, qui pour la première fois longe le littoral, peut avoir une idée des contrastes saisissants que présente la nature africaine, où les paysages les plus verdoyants, les plus gracieux, avoisinent les scènes les plus terribles et les plus sombres.

Sur ce littoral, où tout, au premier abord, et de loin, ne semble être qu'aridité et désolation, l'émigrant, à mesure que le navire approche, découvre tout à coup des petites criques perdues dans les anfractuosités des roches. La nature y a réuni toutes ses splendeurs, toutes ses séductions. Pour peu qu'arrive à la mer un filet d'eau descendant des montagnes, ou que coule une source, la végétation prend une force et un élan extraordinaires. Le palmier, l'oranger, le citronnier, réunis aux arbres de nos climats, y forment d'admirables bocages de verdure, au-dessus desquels le soleil du midi fait resplendir la blancheur des roches, et le bleu éclatant du ciel ou de la mer.

Ailleurs, ce sont d'immenses forêts de chênes, de pins, de cèdres, qui couvrent les pentes et les sommets des montagnes du littoral, ou bien de belles cultures, des champs de blé qui descendent presque jusqu'à la mer.

La côte offre quatre rades naturelles : à l'Ouest le golfe d'Oran où s'ouvre la plus belle rade de toute l'Algérie, « Mers-El-kébir » le grand port ainsi que l'appellent les Arabes. Les navires de guerre même peuvent y pénétrer et y trouver un sûr abri ; la rade peut contenir jusqu'à cent vaisseaux, ce pourra être plus tard le *Brest* de la France algérienne, un

second *Gibraltar* de la Méditerranée. Mers-El-Kébir, en effet, est à quelque distance du détroit qui fait communiquer l'Atlantique et la Méditerranée.

Au fond du golfe, Oran le port de commerce à côté de Mers-El-Kébir le port de guerre. Oran est presque en entier une création de l'homme ; le port a été creusé artificiellement, il est aujourd'hui sûr, et reçoit le tiers des vaisseaux qui commercent avec l'Algérie.

Un peu après la baie d'Oran, le golfe d'Arzew, rade excellente, qui serait sans doute un grand port, si Oran et Mers-El-Kébir n'existaient pas.

A partir d'Arzew, il faut aller jusqu'à Alger pour trouver un abord facile; car Mostaganem, Cherchell, Ténez, ne sont que des mouillages médiocres.

Alger est au milieu même du littoral, à peu près à égale distance du Maroc et de la Tunisie.

Ce n'est pas le meilleur port naturel, il s'en faut de beaucoup. Le golfe, qui s'ouvre entre le cap Caxine et le cap Matifou, ne semblait pas destiné par la nature à recevoir une grande ville maritime; il est à moitié obstrué par des écueils à fleur d'eau, par une ligne de rochers ou d'ilots « Al-djezaïr » d'où vint le nom de la ville.

Bougie, Bone, Mers-El-Kébir, semblaient faites plutôt pour devenir les vrais centres maritimes du commerce de la Méditerranée. Mais les événements furent plus forts que la nature.

Alger s'est trouvée être la capitale de notre conquête ; de plus elle a l'avantage d'être au milieu de l'Algérie, et à la distance moyenne de la France ; Oran est trop loin de Marseille, Bougie et Bone en sont plus près, mais sont à l'extrémité orientale du pays.

D'ailleurs le port a bien changé depuis 1830. Ces écueils, qui étaient une barrière et un obstacle, se sont transformés en abri ; réunis, reliés les uns aux autres par un môle artificiel, ils forment aujourd'hui une immense digue, qui protège l'intérieur de la rade contre tous les vents, et que les feux d'un phare signalent au loin.

Après Alger, la côte reste pendant longtemps verdoyante. On passe devant Dellys, et bientôt l'on arrive devant Bougie, où s'offre un spectacle grandiose. Bougie est peut-être avec Mers-El-Kébir la meilleure rade de la côte Algérienne ; quelques travaux en feraient un mouillage tout-à-fait sûr, et la ville, qui s'élève en amphithéâtre sur les flancs du mont Gouraya, haut de 700 mètres, peut devenir une des grandes villes de la colonie.

Au cap Boudjaroun, qu'on appelle aussi les Sept caps, Seba-Ras, la côte atteint son point le plus septentrional. A quelque distance à l'Est se développe le golfe de Stora. Stora est un port médiocre ; Philippeville, bâtie en 1838, est devenue un port de premier ordre, depuis qu'en 1872 on a jeté dans la mer une longue jetée artificielle. Philippeville a une situation admirable, non-seulement à cause du voisinage de Marseille et de Toulon, mais plus encore peut-être à cause du voisinage de Constantine, centre d'une des régions les plus fertiles de l'Algérie.

La baie de Stora est dominée à l'Est par une pointe aiguë, le cap de fer; c'est le dernier prolongement d'une montagne imposante, le Mont Edough, qui se dresse à une hauteur de douze cents mètres, et dont les pentes arrivent à la mer en falaises abruptes. Les belles forêts de chênes-lièges du Mont Edough, qui attirent longtemps le regard, recouvrent une terre riche en mines de fer. Elles conduisent jusqu'au golfe de Bone, le dernier et non pas le moins intéressant des golfes du littoral.

Bone est le 4e port algérien par ordre d'importance et l'une des plus jolies villes de l'Algérie; l'Edough la surplombe, mais ce sont les pentes les plus douces, les plus verdoyantes, les plus fleuries pour ainsi dire, qui arrivent jusqu'à la ville, bâtie sur un amphithéâtre de collines.

La côte de corail, ainsi pourrait-on l'appeler, a commencé à peu près au cap Boudjaroun; depuis ce point jusqu'à la frontière tunisienne et au-delà, le littoral est bordé par une longue rangée de récifs de coraux.

Il y a bien longtemps que la France en a commencé l'exploitation, et par là a pris pied en Afrique. Nous eûmes d'abord au XVIe siècle vers la frontière Tunisienne un petit comptoir, un établissement bien précaire, le Bastion de France. La mère patrie n'y était représentée que par quelques français, que la métropole avait grand'peine à protéger contre les abus de pouvoir des gouvernements d'Alger et de Tunis, et contre les attaques des indigènes. Plus tard nous nous établîmes à la Calle, et nous n'y restâmes qu'en payant au dey d'Alger un tribut annuel.

Aujourd'hui enfin nous sommes à la Calle, chez nous, en France, et la pêche du corail, toujours assez importante, n'est devenue qu'accessoire, au milieu de toutes les richesses que nous offre l'Algérie. La Calle, à 80 kilomètres de Bone, à 26 kilomètres de la frontière Tunisienne, est non-seulement un port ouvert à des barques, mais un pays d'une admirable fertilité. Quarante mille hectares le long de la côte sont couverts d'une forêt de chênes-lièges, la superficie d'un département français !

La pêche du corail se fait de Janvier à Octobre surtout ; on voit alors affluer sur la côte entre Philippeville et la Calle toute une flottille de bateaux légers, aux formes variées et pittoresques : sloops Français ou Italiens, esquifs Maltais avec leur voile latine à la forme pointue, croisent au nombre de plus de 300 dans ces parages. La mer à ce moment est habitée ; de hardis plongeurs vont incessamment chercher au fond de ses abîmes les trésors qu'elle renferme, et dont le produit annuellement ne s'élève pas à moins de 500,000 fr. pour le corail brut.

LE SOL ET LES MONTAGNES

L'Algérie est un pays de montagnes : ce qui la constitue essentiellement, c'est une sorte de protubérance, entre les eaux de la Méditerranée au nord, et les sables du Sahara au sud.

Sur quelque point qu'on aborde le pays par la mer, on a en face de soi, ou en vue, les montagnes ; tantôt elles avancent jusqu'au rivage même, tantôt elles s'éloignent, s'écartent pour un moment, et font à la plaine une place d'ailleurs restreinte ; mais toujours elles terminent l'horizon, et un horizon assez rapproché. Les massifs les plus voisins du littoral composent ce qu'on appelle le *Petit Atlas*. Quand on les a gravis, traversés, ou tournés, on se trouve au milieu de vallées, la plupart étroites, au-dessus desquelles courent, parallèlement à la mer, les chaînons du *Moyen Atlas*. Au delà du *Moyen Atlas* commence un *plateau*, dont la hauteur varie entre 600 et 1000 mètres au-dessus de la Méditerranée. Il s'étend sur une longueur de 200 à 300 kilomètres. Il est dominé au loin vers le sud par une dernière chaîne de montagnes, le *Grand Atlas*, qui, parti de l'Atlantique dans le Maroc, traverse toute l'Algérie, et va aboutir à la Méditerranée dans la Tunisie. Le *Grand Atlas* est le dernier échelon ; qu'on le gravisse, ou qu'on franchisse ses cols étroits et tortueux, et l'on a devant soi l'immensité du désert, qui n'a d'autres bornes que l'horizon lui-même. Le désert, le *Sahara*, forme une sorte de dépression. Non pas qu'il soit, sauf en certaine parties, plus bas que la mer, ou au niveau même de la Méditerranée ; il se maintient presque toujours à une altitude de 200 à 300 mètres. Mais, comparé au Plateau algérien, à la chaîne monumentale du grand Atlas, le Sahara donne l'impression de l'abaissement, et, si on peut employer l'expression, de l'aplatissement.

Ainsi, rien de plus simple, au premier abord, que cette configuration du sol algérien. Rien de plus simple dans ses traits généraux, rien de plus compliqué dans le détail. L'Algérie n'a pas, comme l'Europe ou comme l'Amérique, une chaîne de montagnes nettement marquée, ou bien encore un centre orographique, où vient se nouer le relief du sol. Le petit Atlas, le moyen Atlas, le grand Atlas se composent de chaînons isolés les uns des autres, interrompus à chaque instant par des vallées de fleuves, ou tellement enchevêtrés, d'un dessin si tourmenté, que la ligne et la direction générale sont impossibles à saisir.

Les Arabes de Mascara ont une tradition populaire. « Quand Allah, disent-ils, créa la terre, il mit les monts dans un sac et les versa sur le sol ; lorsque le monde fut couvert de plateaux, de dômes, de bases, de pitons, il regarda dans le sac, et le voyant encore à demi plein, le vida brusquement sur le pays des Beni Chougran. » (O. Reclus. *France et Algérie.*) On peut appliquer à toute l'Algérie cette tradition locale ; partout les monts ont l'air d'avoir été versés comme au hasard.

Ce n'est pas tout, l'Algérie n'a pas de fleuves dont le cours puisse déterminer la pente générale du terrain, au milieu des mouvements tourmentés de la montagne. Les rivières ne sont que des torrents de longueur médiocre, et qui ne comptent pas dans le dessin d'ensemble du pays. Un seul cours d'eau fait exception et marque nettement une grande vallée.

Aussi faut-il renoncer à faire ce qu'on pourrait appeler un système orographique algérien.

Le *petit Atlas* est l'ensemble des montagnes qui s'étendent le long de la côte depuis le golfe d'Arzew jusqu'au golfe de Bougie, sur une longueur de 350 kilomètres environ. Ces montagnes, qui ne sont jamais à plus de 50 kilomètres de la mer, font corps, on peut le dire, avec le littoral lui-même. Elles se composent de trois massifs principaux. A l'ouest d'Alger, s'étend une chaîne dont la partie occidentale porte le nom de monts de Dahra. Ces monts rappellent un épisode terrible de notre guerre d'Algérie, qui fut souvent une guerre d'extermination et de représailles. Un lieutenant d'Abd-El-Kader, Bou-Maza, avait réussi à soulever contre nous, en 1845, les populations de l'Ouest. Le maréchal Bugeaud voulait en finir, et le colonel Pélissier était disposé à exécuter sans ménagement des ordres rigoureux. Sept cents révoltés, poursuivis par nos troupes, vinrent se réfugier sur les mamelons du Dahra, au fond d'une grotte creusée dans la montagne. Les y poursuivre, il n'y fallait pas songer; rester devant la position, jusqu'à ce que la famine les en chassât, n'était pas possible; le temps pressait. Le colonel Pélissier ordonna d'amasser devant l'entrée de la grotte des fagots et d'y mettre le feu; la fumée, pensait-on, forcerait les réfugiés à sortir de leur asile. Que se passa-t-il alors dans la grotte? des cris terribles furent entendus, le bruit d'une lutte obscure perçu; mais pas un Arabe ne se montra. Quand le feu fut éteint, nos soldats, au milieu d'un silence profond, pénétrèrent dans la grotte; sept cents cadavres y étaient couchés.

Aujourd'hui les drames du Dahra ne sont plus qu'un souvenir; la civilisation s'est emparée de ces pentes, où se livrèrent tant de sanglants combats; le colon et le kabyle cultivent côte à côte le sol qu'ils se disputèrent si longtemps les armes à la main.

A quelque distance de la capitale de l'Algérie, la montagne s'écarte, elle s'éloigne de la mer, elle fait place à la plaine de la Métidjah, la plus célèbre sinon la plus riche de toutes les plaines Algériennes. Mais la montagne n'est pas loin, elle forme à la Métidjah un amphithéâtre admirable.

Ce sont les monts de Blidah, et le petit Atlas proprement dit. Ces monts de Blidah dominent la charmante ville dont ils prennent le nom, Blidah la sultane, comme l'appellent les Arabes. Encore couverts de forêts de cèdres gigantesques, et arrosés par de belles eaux, ils sont d'ailleurs tout pleins de notre histoire. Ici s'ouvrent les gorges de la Chiffa, où tant des nôtres restèrent sous les balles des Arabes, et dont les détours, les anfractuosités, les forêts servirent tant de fois d'embuscades. Là, le col de Mouzaïa, qui fut pendant longtemps la seule communication entre Alger et Médéah, et qui fut emporté en 1839 après un des combats les plus brillants de cette guerre héroïque.

Le Djurjura est le dernier massif du petit Atlas, il contient les pics les plus élevés, les sites les plus grandioses et les plus sauvages de toute la chaîne ; son sommet culminant, le Lalla-Khédidja, qu'on peut apercevoir d'Alger, se dresse à 2. 300 mètres, et n'est dépassé que de 25 mètres par le point culminant de toute l'Algérie. La neige recouvre le Djurjura pendant une partie de l'année ; car l'Algérie qui est le pays du soleil, est aussi, dans ses hautes régions, le pays des neiges abondantes. Rien de plus compliqué que le Djurjura ; sur la côte il envoie une foule de chaînons verdoyants ; il est coupé d'anfractuosités profondes, de cols sauvages, de défilés ; ses vallées ont des eaux qui ne tarissent jamais, de gras pâturages, des bois d'oliviers et d'orangers, mais aussi des forêts, où l'on peut encore chasser le lion et la panthère ; ses pentes sont recouvertes de belles cultures. Le Djurjura est la région de la grande Kabylie, qui pendant si longtemps échappa à notre domination, et qui ne se rendit qu'en 1857.

Il y a là un avenir exceptionnel pour la colonisation, car le Djurjura est actuellement plus peuplé que beaucoup de parties de la France elle-même, et recèle encore bien des richesses qui n'ont pas été exploitées.

Le Moyen Atlas s'étend derrière le Petit Atlas, depuis le Maroc jusqu'à la frontière tunisienne, où il aboutit à la mer même.

L'un de ses massifs les plus importants est l'Ouarensénis, qui domine des deux côtés la vallée du plus grand fleuve Algérien, le Chéliff. L'Ouarensénis est un amas gigantesque de montagnes, coupées de vallées, qui rayonnent comme un éventail autour d'un sommet central, auquel les Arabes ont donné le nom pittoresque « d'Œil du monde. » Cet « Œil du monde » ne voit pas tout, mais il est vu de toute la région environnante, au milieu de laquelle il s'élève comme un dôme immense, comme une gigantesque pyramide de 2,000 mètres.

Rien de plus beau, de plus frais, de plus riche que les hautes vallées de l'Ouarensénis ; elles abritent de grandes forêts de cèdres, de chênes, de pins, et donnent naissance à des torrents fougueux.

Des pics de l'Ouarensénis on plonge d'un côté sur la vallée du Chéliff, de l'autre sur la vaste étendue des steppes algériens.

Il se termine brusquement par une paroi de muraille gigantesque, la falaise de Boghar, qui domine la plaine de plus de 400 mètres.

De l'autre côté du Chéliff, les monts du Moyen Atlas se prolongent vers l'Est, mais souvent interrompus ; ils forment des mamelons, des talus isolés, et élevés de 1,200 à 1,800 mètres ; puis peu à peu ils se rapprochent de la côte et viennent aboutir à ce mont Edough, dont la cime se dresse au-dessus d'Oran.

Le *Grand Atlas* à l'extrémité sud du Plateau, est en moyenne à 350 kilomètres de la Méditerranée. Il est Marocain et Tunisien autant qu'Algérien, et c'est même dans le Maroc qu'il a ses sommets les plus imposants.

En Algérie il commence à peu près avec le grand massif du « Djebel-Amour », qui s'élève à 1.600 mètres, et contient des vallées fertiles ; puis il domine la grande oasis d'El-Aghouât, une des entrées du désert, et il arrive enfin au massif souverain de toute l'Algérie, au Djebel-Aurès.

C'est une immense montagne, ou plutôt un ensemble de montagnes, qui couvre une superficie de plus de 10.000 kilomètres carrés. Le

Djebel-Chélia est le point culminant de l'Aurès et monte jusquà 2. 330 mètres. L'Aurès présente tous les genres de beauté des montagnes africaines ; à sa base, les cultures, le blé, la vigne ; sur ses pentes, les cèdres qui se développent majestueusement en forêts ; sur sa cime, la neige qui y reste pendant six mois de l'année ; dans ses vallées, les eaux abondantes qui rayonnent vers les points cardinaux, et s'en vont jusqu'au sud lutter contre l'aridité du désert. L'Aurès d'ailleurs est assez mal connu ; et c'est tout récemment qu'on a construit dans ses parties les plus élevées, à 1.400 mètres, la citadelle de Médina destinée à y assurer la domination française.

LES EAUX

L'Algérie est un pays peu et mal arrosé. La nature, qui lui a prodigué tant de dons précieux, ne lui a pas donné l'eau, et il faut dire que depuis bien longtemps l'homme n'a rien fait pour corriger sur ce point la nature.

D'abord, les pluies en Algérie sont rares et irrégulières; dans le Tell même, sur le rivage de la mer, le ciel reste presque toujours bleu ; si quelque nuage vient à y paraître, ou bien il éclatera en une averse aussi courte que brusque, ou bien il ira porter ailleurs l'humidité qu'il recèle. A partir du mois d'avril, du mois de mai au plus tard, jusqu'au mois d'octobre ou de novembre, la sécheresse est continue, implacable ; à part quelques pluies d'orage bientôt absorbées par la terre brûlante, aucune goutte d'eau ne vient rafraîchir l'atmosphère, et arroser le sol.

A partir de novembre commence la saison des pluies, car l'Algérie n'a que deux saisons. Durant cinq ou six mois alors, le sol reçoit souvent trop d'humidité, il est détrempé, et comme spongieux ; il se gonfle pour ainsi dire, et de tous les pores de la terre l'eau déborde dans les parties basses en marécages.

Sur les hautes cimes ce n'est plus la pluie qui tombe, c'est la neige, et elle recouvre pendant deux à trois mois les sommets du Djurjura, de l'Ouarsénis, de l'Aurès. Le haut plateau même la reçoit, pour peu que le froid dure pendant quelques jours. C'est une réserve d'humidité qui se fait pour la sécheresse, mais qui fond aux premières chaleurs.

En somme, la pluie en Algérie est relativement rare, et elle est moins abondante sur la côte de l'ouest que sur celle de l'est, moins abondante dans les plaines que sur les hauteurs. Dans le Sahara, elle est tout à fait l'exception.

Il s'ensuit que les grandes rivières, et surtout les rivières qu'on pourrait appeler normales, manquent presque partout.

Les cours d'eau ne sont pas navigables ; ce sont des torrents.

A la première approche du printemps, toute la neige qui couvre les montagnes fond rapidement, elle se précipite dans les hautes vallées, elle déborde dans les plaines, elle court vers la mer. Une fois la neige fondue, tout est fini ou à peu près, et le fleuve n'est plus alimenté que par de rares sources, qui ne suffisent pas à remplir le lit jusqu'à la Méditerranée. Aussi la plupart des rivières, des « *oueds* », n'ont-ils pendant l'été qu'une source et pas d'embouchure. Dans le haut de la montagne, sous ces vastes forêts qui entretiennent la fraîcheur, ils sont encore abondants, autant qu'ils sont rapides ; ils forment d'imposantes cataractes, il semble que rien n'arrêtera leur élan ; puis peu à peu la terre les boit, le soleil brûlant pompe et aspire leurs vapeurs. A mesure qu'ils approchent de la plaine, ils diminuent, s'amincissent, s'effilent, et bientôt la dernière goutte de leurs eaux disparaît dans le sable.

L'Ouarensenis a bien des torrents de ce genre, superbes dans la montagne ; mais le voyageur qui suit la ligne du chemin de fer d'Alger à Oran, ne traverse dans l'été que les berges de leur lit desséché, au fond duquel croupissent quelques flaques d'eau. (O. Reclus.)

Les rivières ont pourtant en Algérie un rôle considérable, c'est d'elles que ce pays tire toute sa vie et sa fertilité ; où elles manquent, le sol n'est qu'aridité, que roche brûlante, que terre désolée ou infertile ; où elles passent, l'humidité qu'elles répandent, fécondée par le chaud soleil d'Afrique, donne la richesse inépuisable.

La question capitale pour l'avenir de l'Algérie est donc de trouver, de diriger et de retenir l'eau ; c'est la question des irrigations.

Puisque ce sont les ruisseaux qui fertilisent la terre, il faut arriver à les répartir par un vaste système de canaux dans toutes les plaines. Puisque ces ruisseaux, ces torrents, ont après l'hiver trop d'eau, en été n'en ont pas assez, il faut arriver à garder les eaux superflues, et par cela même redoutables, pour l'époque où elles manqueront. C'est ce qu'on est arrivé à faire, en beaucoup de points, c'est ce qu'on peut faire partout... Si l'on établit dans les hautes vallées des montagnes de grand réservoirs, des lacs artificiels, les eaux, au moment de la fonte des neiges ou après les grandes pluies, y seront reçues, et se répandront plus tard, mais modérément et régulièrement. Au lieu d'être une menace et un danger, elles seront un bienfait et une richesse. Il est possible aussi de retenir l'eau sur les pentes de certains fleuves par des barrages, et de la distribuer ainsi peu à peu au niveau inférieur.

Partout où ce travail a été accompli, l'aspect du pays s'est profondément modifié ; quand il aura été accompli dans toute l'étendue de l'Algérie où coulent les rivières, le pays répondra aux espérances qu'on a fondées sur sa possession.

Les eaux de l'Algérie pourraient se partager en trois espèces, qui correspondraient à peu près aux trois grandes divisions physiques du pays. Dans la région nord, dans la partie occupée par le Petit et le Moyen Atlas, elles sont courantes : rivières, torrents ou ruisseaux. Dans la partie centrale, sur le haut plateau, elles sont surtout dormantes, et le plus souvent salées. Au sud du grand plateau, dans le Sahara, elles ne manquent pas autant qu'on l'a dit, mais elles sont souterraines.

Trois cours d'eau principaux viennent se jeter aux environs d'Oran. Ce sont la Tafna, la Macta formée du Sig et de l'Habrah, le Chéliff. Le Chéliff est la plus longue rivière Algérienne; il a 665 kilomètres, à peu près le cours de la Seine, mais a beaucoup moins d'eau qu'elle. La Seine, avec ses sept cents kilomètres, est un beau fleuve régulier et tranquille; grossie de nombreux affluents, elle descend majestueusement et doucement vers la mer, elle arrose de belles campagnes, des villes imposantes, elle porte des navires, elle est la grande artère du mouvement et de la vie.

Le Chéliff est un torrent plutôt qu'une rivière, il est rapide, violent, irrégulier; peu de cours d'eau lui apportent leur tribut, il passe au milieu de pays encore livrés à la vie sauvage, il n'entre dans la civilisation que dans la dernière partie de son cours ; mais il ne sera jamais le lien des peuples qui habitent l'Algérie. Il ne peut en effet recevoir d'embarcation, ses eaux sont tout en surface, son lit n'a pas de profondeur.

Il naît au sein des hauts plateaux, et se forme de deux branches principales ; l'une vient du Djebel-Amour, l'autre descend des ramifications septentrionales de l'Ouarensénis, de l'Oued des « soixante-dix sources. » Les deux rivières arrosent d'abord les steppes du plateau ; puis, une fois réunies, elles semblent chercher une route vers la mer. Le chemin est comme barré par les derniers contreforts de l'Ouarensénis, qui s'élèvent en falaises abruptes à une hauteur de 400 mètres. Le fleuve offre à ce moment un aspect saisissant. « C'est un ruisseau tortueux, encaissé, dont l'hiver fait un torrent, et que les premières ardeurs de l'été épuisent jusqu'à la dernière goutte. Il s'est creusé dans la marne molle un lit boueux qui ressemble à une tranchée, et même au moment des plus fortes crues, il traverse, sans l'arroser, cette vallée misérable et dévorée de soif. Les bords taillés à pic sont aussi arides que le reste ; à peine y voit-on accrochés à l'intérieur du lit, et marquant le niveau des plus hautes eaux, quelques rares pieds de lauriers roses, poudreux, fangeux, salis, et qui expirent de chaleur au fond de cette étroite ornière » (FROMENTIN. *Un été dans le Sahara.*) Le Chéliff contourne la falaise, il entre alors dans la seconde partie de son cours, dans une large vallée comprise entre l'Ouarensénis et le Petit Atlas de la côte, et qui est la principale route de communication entre Alger et Oran.

Le Chéliff, comme toutes les rivières de l'Algérie, diminue à mesure qu'il s'éloigne de ses sources ; il n'a plus que des affluents intermittents, et sur ses rives sablonneuses où croupissent des lagunes, on ne voit que des berges de rivières desséchées.

Et cependant le pays qu'il traverse est un pays appelé à devenir fertile ; il est tout recouvert d'une terre d'alluvions, qui n'attend que l'eau et la culture pour être une des plus riches de l'Algérie ; déjà un grand barrage, de 12 mètres de haut, a permis d'arroser les environs d'Orléansville.

A la fin de son cours, le Chéliff reçoit plusieurs petits affluents, qui lui permettent d'arriver jusqu'à la mer, en conservant une masse d'eau d'aspect à peu près fluvial.

Le fleuve, qui par sa longueur est une Seine, est bien plus une Loire par son aspect, par l'irrégularité de ses eaux, par les grands bancs de sable que l'été laisse à sec, par son partage en deux bassins, l'un de montagne, l'autre de plaine. (O. Reclus ; *France et Algérie.*)

La région qui environne Alger n'a que peu de rivières, et ce n'est pas sans difficulté que la ville trouve les eaux nécessaires à sa consommation.

A l'ouest d'Alger coule la Chiffa, qui traverse les montagnes du Petit Atlas par des gorges à la fois pittoresques et grandioses. Sortie de ces défilés, que franchit aujourd'hui une belle route stratégique et commerciale, la Chiffa prend un couleur jaune, qui lui vaut dans la dernière partie de son cours le surnom de « rivière de Safran » « l'Oued Mazafran » ; c'est sous ce nom qu'elle se jette dans la Méditerranée.

La plaine, qui entoure Alger, n'a qu'une rivière ou plutôt qu'un ruisseau, l'Harrach, long de 70 kilomètres, mais avec des eaux assez abondantes, et dont la ville d'Alger a détourné les sources.

Plus loin, on arrive dans la région orientale, aux pluies plus fréquentes, aux rivières moins desséchées.

Là, coulent l'Isser qui arrose des terres admirables, le Sébaou, le Bou-Sellam qui passe à travers des défilés étroits.

Puis vient l'Oued-el-Kebir, « la grande rivière. » Cette grande rivière n'a que 225 kilomètres. L'Oued-el-Kébir est célèbre par la profonde fissure où il coule au moment d'arriver à Constantine. Là, le fleuve, qui dans la partie supérieure de son cours, s'était maintenu à la surface du sol, se creuse un lit presque souterrain. D'immenses masses de rochers, qui dominent de plus de deux cents mètres le niveau de ses eaux, lui fermaient autrefois le passage. Il les a peu à peu entamées, percées, coupées, contournant toutes les anfractuosités de la pierre, comme s'il en cherchait les parties molles ; il se replie sur lui-même, forme dans cette espèce de couloir étranglé des rapides,

des cascades, se pérd quatre fois sous le roc, et même à ciel ouvert reste toujours obscur et sombre. A un certain moment, il enveloppe presque de ses eaux une partie du plateau, qui devient une véritable presqu'île, rattachée à ce qu'on pourrait appeler la terre ferme par un isthme. C'est sur ce plateau qu'est élevée Constantine, que la nature a entourée sur trois côtés d'un fossé gigantesque.

Quand l'Oued-el-Kébir sort de ces gorges célèbres, où il reçu des petits ruisseaux venus de sources chaudes, son aspect change ; aux rochers arides succèdent les bouquets de palmes, les plaines cultivées, toutes les séductions de la nature algérienne.

La dernière rivière est la Seybouse, qui reçoit un affluent aux eaux brûlantes, le Zenati. En effet les sources du Zenati sortent de terre à la température de 95°. C'est la vallée des « Bains enchantés. » (O Reclus.)

La Medjerdah n'est algérienne qu'à sa naissance ; elle entre bientôt dans la Tunisie, où elle arrose un pays admirable, mais envahi depuis longtemps par la barbarie.

La contrée arrosée par ces différents cours d'eau, si l'on en excepte le cours supérieur du Chéliff, correspond au Petit et au Moyen Atlas, et forme la région du *Tell*.

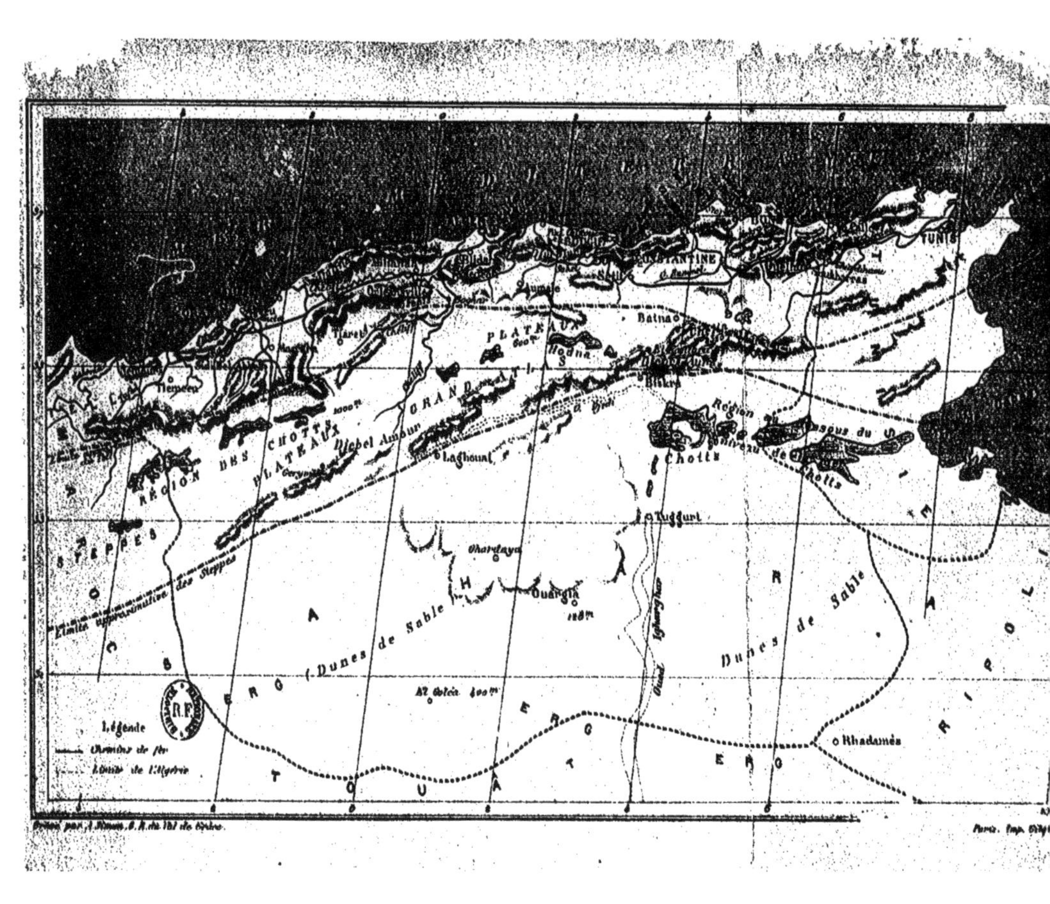

TUNIS
CONSTANTINE
Batna
PLATEAUX
Hodna
Biskra
Tlemcen
RÉGION DES CHOTTS
PLATEAUX
GRAND
Djebel Amour
Laghouat
1000m
Région
Chotts
Tuggurt
STEPPES
Limite approximative des Steppes
Ghardaya
Ouargla
128m
Dunes de Sable
Dunes de Sable
Rhadamès
Légende
Chemins de fer
Limite de l'Algérie

LE TELL

Le Tell est dans l'Algérie la terre colonisable par excellence, la région des cultures, le pays de la grande production. Il occupe un espace de 150.000 kilomètres carrés sur les 660.000 qui forment la surface de la colonie française. Il est limité au sud par une ligne assez irrégulière, qui à l'ouest ne se trouve pas à plus de 120 kilomètres de la mer, qui au centre se rapproche encore plus du littoral (90 kilomètres), et qui à l'est au contraire s'en éloigne, et va presque se confondre avec la chaine de l'Aurès dans le grand Atlas.

D'ailleurs les limites entre le Tell, c'est-à-dire entre la région des cultures et le grand plateau, n'ont rien d'absolument précis et rigoureux. A mesure qu'on s'avance vers le Sud, et qu'on connait mieux le centre de notre colonie, on s'aperçoit que la zône cultivable est bien plus étendue qu'on ne le supposait d'abord. Sur des points où l'on croyait la nature rebelle, on reconnait qu'il ne manque jusqu'à présent que le travail de l'homme pour la féconder ; et dans l'est particulièrement, il n'y a guère de transition entre le Tell et le Sahara. Le Sahara lui-même, nous le verrons, n'est pas ce qu'on avait cru pendant longtemps, et l'homme, l'Européen même, peut y trouver, sinon des éléments de richesse, au moins des moyens d'existence.

En admettant jusqu'à nouvel ordre les limites du Tell, ainsi que nous venons de les fixer, nous dirons que c'est une grande région bornée au nord par la Méditerranée, et au sud par le grand plateau. Tout ce territoire s'incline peu à peu vers la mer, mais avec de nombreux ressauts de terrain, formés par les chaînons innombrables du Petit ou du Moyen Atlas.

Le Tell se prête admirablement, dans toutes les parties arrosées, à la production des céréales, de la vigne, du vin, du tabac. Il a le figuier, l'amandier, le grenadier, l'olivier, l'oranger. Les chênes de diverses espèces, les cèdres, les sapins y forment d'admirables forêts, le myrte, le laurier, le thuya, de charmants bocages. Il a enfin la richesse minérale, le fer, le cuivre, le plomb ; il ne lui manque guère que la houille, qui manque à toute l'Algérie.

Le Tell est, jusqu'à présent, la partie de l'Algérie la plus habitée par les colons Européens, celle qui a reçu le plus grand développement, celle qui constitue essentiellement la France algérienne.

Le climat est chaud, mais supportable ; le long de la Méditerranée, l'atmosphère est rafraîchie par la brise de mer, et les écarts de température ne sont pas très considérables. La région des environs d'Alger rappelle un peu le midi de la France ; la saison fraiche de novembre à avril est particulièrement agréable, la saison chaude de mai à octobre est plus à craindre pour les émigrants ; mais, en somme, la température moyenne sur le littoral est de 18° centigrades, elle est à Alger de 19 degrés ; et le thermomètre, qui monte jusqu'à 37 degrés, ne descend guère au-dessous de — 2°.

Mais le Tell est loin d'être tout entier sur le littoral ; la terre algérienne, nous l'avons vu, s'élève dès qu'on quitte la côte. Grâce à l'altitude de la plupart des points, le colon français peut choisir, suivant qu'il est du nord ou du midi, les parties où il doit retrouver exactement la température à laquelle il est habitué.

Ainsi, Sétif qui est en pleine région du Tell, est à 1085 mètres au-dessus du niveau de la mer ; à cette hauteur la température est plutôt froide, et la neige n'est pas rare. Le pays de Sétif peut se comparer à notre Beauce, et par la richesse du sol et par la température. Plus près d'Alger, Médéah et Milianah s'élèvent à 900 mètres ; à l'ouest Tlemcen est à 800 mètres et Mascara à 600. Sur tous ces points la moyenne de température n'est presque que de 16 à 17°, et le thermomètre qui monte souvent à 32, descend aussi à — 5. On a donc, et les grandes chûtes de neige, et les gélées, rigoureuses sans doute, mais salubres. De tout le Tell, la partie la plus chaude est la vallée du Bas-Chéliff ;

c'est aussi, et par compensation, une des plus fertiles.

Le grand inconvénient du Tell, comme de toute l'Algérie, c'est la sécheresse prolongée et excessive. Le grand fléau, ou plutôt les grands fléaux, ce sont le siroco et les passages de sauterelles.

Le siroco souffle en tout 20 à 25 jours par an ; les Arabes, qui le connaissent bien, et le redoutent autant que nous, l'ont appelé le « Simoun » le « poison » — Dès qu'il souffle, la température s'élève jusqu'aux températures les plus torrides ; on a constaté dans les gorges de la Chiffa jusqu'à 72°. « Pendant la durée du siroco, l'atmosphère est comme embrasée, rougeâtre, desséchante, obscurcie ; sous son influence la respiration de l'homme est haletante, la peau, les muqueuses de la bouche et du nez sont sèches et arides. Les animaux, même les mieux acclimatés, souffrent comme les hommes ; quelquefois les chevaux refusent de marcher et tournent le dos au vent. Les plantes herbacées au lendemain du siroco sont flétries, comme le sont dans nos climats les herbes coupées depuis 48 heures. » (Duveyrier.)

Les invasions de sauterelles ne sont pas moins redoutables dans un autre genre, et elles accompagnent presque toujours le siroco.

S'il n'est guère possible de se défendre des sauterelles, ni du siroco, il est du moins possible de se mettre en garde contre les effets du climat ; un médecin qui connaît bien l'Algérie, le docteur Bertherand, conseille aux Européens de débarquer entre octobre et avril.

« La meilleure saison, dit-il, comprend l'automne jusqu'à la fin du printemps, c'est-à-dire l'intervalle d'octobre aux derniers jours d'avril. . . . . Il ne faut jamais s'installer sur des terres vierges, non défrichées, ni trop près des terres à défricher. . . . . . . Le colon, quand il a le choix de son terrain, doit s'installer de préférence sur les hauteurs ; il doit craindre les plaines, les vallées chaudes et humides, les lieux encaissés. . . . . . . On entourera la maison de plantations d'arbres ; la verdure purifie l'air, le rafraîchit, réjouit l'œil. Les arbres à essence et à feuille persistante, les pins, les eucalyptus seront préférés. » (BAINIER).

L'eucalyptus est en effet une des conquêtes les plus précieuses de la colonisation algérienne. Cet arbre, importé d'Australie, se développe avec une rapidité de croissance extraordinaire. Sa végétation purifie l'air, absorbe les miasmes marécageux, ses feuilles constituent un excellent fébrifuge. Partout où il a été planté, l'aspect du pays s'est modifié de la façon la plus heureuse. Et il faut rendre hommage à l'homme persévérant, M. Ramel, qui, non sans peine, en a vulgarisé l'usage. Ces précautions et quelques autres prises, le Tell offre aux colons un admirable séjour, et renferme des éléments de richesses inappréciables.

Dans la province d'Oran, qui s'étend à l'ouest

de l'Algérie, le Tell offre un grand nombre de terres fertiles, et a reçu déjà de nombreux colons.

Autour de Tlemcen, il semble que la nature ait épuisé toutes ses séductions et prodigué toutes ses richesses. « Le Paradis de l'Eternité, ô Tlemcinois ! s'écrie un poète arabe, ne se trouve que dans votre patrie, et, s'il m'était donné de choisir, je n'en voudrais pas d'autre que Tlemcen. » La ville, bien que située à 800 mètres d'altitude, a un climat très doux ; la neige y est à peine connue. Auprès d'elle s'étend une belle forêts d'oliviers, les montagnes qui la dominent ont des mines d'argent et de plomb, la campagne se couvre de moissons. Aussi n'est-il pas étonnant que Tlemcen, à 130 kilomètres d'Oran, ait déjà 18,000 habitants, sur lesquels 4,500 français.

Mascara qui, de l'autre côté d'Oran, fait comme pendant à Tlemcen, n'est pas moins favorisée.

La ville qui pendant si longtemps fut le siège de la puissance d'Abd-el Kader, n'est plus aujourd'hui qu'un grand centre de commerce. Avec ses 10,000 habitants, dont 2,600 sont français, elle attire à elle toute l'activité de la région voisine. Trois fois par semaine un immense marché s'y tient. On voit affluer alors les Arabes venus de plus de 30 lieues à la ronde ; vêtus du costume national, de longs burnous, ils apportent les produits de leurs champs, ou de leurs prairies ; mêlés à nos colons, ils échangent contre nos produits manufacturés leurs bestiaux, leurs blés, leurs fruits.

A mesure qu'on se rapproche de la mer, la population des colons se presse et se multiplie. Sidi-Bel-Abbès sur 8.000 habitants a 2.150 français ; 80 kilomètres la séparent d'Oran. Ses jardins, que l'eau arrose toute l'année, lui font une ceinture fraîche et verdoyante. (BAINIER.)

Les plaines basses de la Macta, du Chéliff, se défrichent assez rapidement, et prennent un aspect tout Européen ; dans la plaine de la Macta, autour de Perrégaux, ville nouvelle, ce ne sont que vignes, jardins, cultures de toutes sortes, les signes d'une prospérité qui ne fera que grandir. Une grande compagnie, la compagnie du chemin de fer d'Arzew à Saïda, a entrepris l'exploitation du sol, et plus de 6.000 hectares sont aux mains des colons.

Les environs d'Oran n'offrent pas sans doute le même charme, ni le séjour de la ville le même attrait ; mais Oran a pour elle sa situation sur la mer, et le voisinage du « grand port, » de « Mers-el-Kébir. » Oran est la ville d'affaires, la cité commerciale, le premier port de l'Algérie. En 1860 elle comptait 26.000 habitants, en 1870 elle en avait 50.000, le double précisément. C'est qu'en effet Oran, reliée à Alger par un chemin de fer, reliée à une grande partie du Tell par des voies ferrées, communique avec Marseille, avec Port-Vendres, et aussi avec Carthagène d'Espagne. Que sera-ce, lorsque le port de Mers-el-Kébir aura atteint tout

5

son développement, et deviendra ce qu'il doit être, le grand port militaire de l'Algérie ! Situées à 9 kilomètres l'une de l'autre, les deux villes se compléteront, se rejoindront peut-être par la longue ligne du rivage. Sur les 50.000 habitants d'Oran 20,000 sont espagnols, ce qui s'explique suffisamment par le voisinage presque immédiat de l'Espagne. (Bainier.)

Mostaganem qui a 3,000 français, Arzew qui a un beau port naturel, mais pas d'eau douce, Saint-Denis du Sig avec ses 5,000 européens et son grand marché, complètent la liste des villes principales du Tell Oranais.

Le Tell n'occupe dans la province d'Alger qu'une surface peu considérable, mais c'est là que la colonisation a fait, jusqu'à présent, les plus grands progrès.

Orléansville a 3,200 habitants. Elle attire les colons par la richesse de son sol qui donne le blé, par la beauté de ses prairies qui nourrissent de grands troupeaux de bestiaux. Lorsque, chaque dimanche, s'y tient le marché, on y voit affluer plus de dix milles indigènes, et chaque journée se solde par un chiffre d'affaires de 300,000 francs. (Bainier ; *Afrique.*)

Orléansville est une des principales stations du chemin de fer d'Alger à Oran, et reliée déjà à la mer par une belle route de 50 kilomètres ; son port est Ténez.

Dans la partie montagneuse qui s'étend entre le Chéliff et Alger se trouvent trois villes, qui pendant longtemps ont résumé en elles toute l'Algérie : Ce sont Milianah, Médéah, et Blidah.

Milianah a 6.000 habitants dont 1.250 français ; elle est située à 110 kilomètres d'Alger, et à 900 mètres d'altitude, dominée par le mont Zaccan dont la cime s'élève à près de 1.600 mètres. Milianah est dans un climat salubre. Elle a surtout ce qui manque à tant de villes algériennes, des eaux abondantes, que lui envoie le Zaccan. Elle est entourée de vignobles renommés, elle a le blé, les belles forêts ; une seule chose s'oppose à son développement, sa situation même : le chemin de fer, qui, en Algérie comme ailleurs, est le grand dispensateur de la prospérité, a dû la laisser sur sa gauche, ne pouvant gravir son plateau de 900 mètres. Et, sur la ligne même, s'est fondée une bourgade, un village d'abord assez humble, Affreville. Affreville n'a ni les belles eaux, ni le climat, ni les forêts de Milianah, mais elle a sa fertilité, une fertilité extraordinaire, elle a un chemin de fer, elle en aura bientôt deux ; car c'est d'Affreville que partira une ligne projetée vers le centre.

Médéah est encore bien plus loin du chemin de fer que Milianah, et cependant la dépasse comme population, et comme prospérité. C'est que Médéah est directement sur la grande route qui va d'Alger à El-Aghouat, et qu'elle n'est située qu'à 90 kilomètres d'Alger, avec qui elle communique par une belle route. Un service de diligence l'unit à la capitale d'un côté, à Boghari de l'autre.

Médéah est une des plus jolies villes de l'Algérie, le climat y est sain, comme à Milianah, car l'altitude est à peu près la même, la neige n'y est pas rare dans l'hiver. Ce qui n'empêche pas les environs de se couvrir de plus en plus de vignes, de donner d'abondantes moissons, de nourrir de nombreux troupeaux.

La ville qui a 10.000 habitants, dont 2.000 français, est devenue tout européenne ; à côté de ses maisons arabes se sont élevées des constructions modernes ; des rues, des boulevards même ont été percés, un beau jardin des plantes y a été créé. Les environs sont remplis de fermes, de villages français, Damiette, Lodi ; et, sous le ciel d'Afrique, au milieu des palmiers et des orangers, on retrouve à chaque pas l'illusion et le souvenir du pays.

Plus ravissante et plus charmante encore est Blidah, Blidah pour laquelle les Arabes ont épuisé tout leur vocabulaire poétique, Blidah la sultane, Blidah la rose. Elle est en effet le type accompli de la ville du soleil. C'est au milieu d'une admirable verdure d'orangers, de citronniers, de figuiers, de mûriers, que ses blanches maisons se présentent à l'œil. Qu'on pénètre dans la ville, et l'on rencontre des jardins comme l'Orient seul en voit, des fontaines mystérieuses sous une ombre épaisse, le contraste de la lumière éclatante et de l'obscurité profonde, de la chaleur brûlante et de la fraîcheur humide, qui est un des charmes de l'Algérie.

Et cependant Blidah, pour le voyageur et l'artiste, a perdu au contact de notre civilisation ; des constructions françaises s'y sont élevées, des usines même la remplissent de bruit et de fumée, des cafés « à l'instar de Paris » y étalent leurs devantures aux tons criards. Ce n'est plus que dans les faubourgs qu'on peut trouver parfois le silence, la solitude de l'ancienne, de la vraie Blidah. C'est qu'en effet la ville est comme un faubourg d'Alger ; la distance de 50 kilomètres qui sépare les deux cités, se franchit en chemin de fer en 1 heure 1/2. Elle envoie à Alger ses oranges, elle nous les envoie même en France ; ses 11.000 habitants s'enrichissent par la culture du tabac et le commerce du blé.

Dès qu'on descend de Blidah, on entre dans la plaine de la Métidjah. La fertilité de la Métidjah est proverbiale, surtout parce que ç'a été la première plaine cultivée par les Français, alors qu'on prenait l'Algérie pour une terre désolée et maudite. Elle mérite en somme sa réputation, à condition qu'il soit bien entendu qu'elle la partage avec beaucoup d'autres parties de notre territoire africain. La plaine du Chéliff, le plateau qui monte de Bône à Guelma, de Philippeville à Constantine, les environs de Sétif, sont, ou peuvent être autant de Métidjah. C'est là qu'étaient établis les « greniers de Rome, » c'est là que poussaient ces grains phénoménaux, ces tiges de blé exubérantes, dont le naturaliste Romain Pline parle avec admiration. Ce que la Métidjah a de plus que les autres, c'est l'admirable spectacle qu'elle offre, soit qu'on la voie d'Alger, soit qu'on la contemple du Petit Atlas. D'un côté comme de l'autre, c'est un mélange de plaines bien cultivées, de beaux bouquets de bois, de fermes ou de villas perdues dans le feuillage. Mais, vue d'Alger, la Métidjah présente à l'œil le beau couronnement des chaînes de l'Atlas; vue de l'Atlas, elle a pour ceinture la mer qui domine Alger la ville de marbre, et le mont Bouzaréa, avec ses orangers, ses oliviers, ses maisons de campagne.

La Métidjah dont les 210.000 hectares produisent tout : le blé, la vigne, le tabac, le coton, n'a pourtant pas été toujours ce qu'elle est aujourd'hui. La nature pendant longtemps y fut trop puissante, parce que ses forces étaient déréglées. La Métidjah avait à la fois trop, et pas assez d'eau. L'humidité s'y répandait en marécages insalubres, à coté desquels la terre se fendillait, et se desséchait sous l'action brûlante du soleil. Dans cette plaine aujourd'hui couverte de colons robustes, on mourait avant d'avoir pu s'enrichir, Boufarik notamment était un séjour fatal.

Le travail de l'homme a triomphé de la nature, et l'a assouplie ; des irrigations bien entendues ont distribué l'eau partout où elle était utile ; les marais ont été desséchés ; des puits artésiens ont été chercher l'humidité au fond de la terre, et l'ont répandue à la surface du sol. Les plantations d'Eucalyptus ont absorbé les miasmes délétères. Boufarik qui a 8.000 habitants dont 2.300 Français, est devenue une des plus jolies villes du pays, le plus riche avec Rélizane et Saint-Denis du Sig de tous les établissements français, l'un des plus salubres aussi. (BAINIER ; *Afrique*.)

La Métidjah a même des mines, au moins à ses extrémités ; les hauteurs du Mouzaïa présentent des filons de cuivre, et, à 50 kilomètres à l'est d'Alger, sur la route d'Aumale, on trouve le zinc argentifère, à l'état de minerai très-abondant.

Ainsi s'explique Alger, son développement, son avenir. Alger, nous l'avons vu, n'est pas un port favorisé par la nature. Mais comment la ville, qui s'ouvre d'un côté sur la mer à 800 kilomètres de Marseille, de l'autre sur la Métidjah, ne serait-elle pas une ville prospère, quand bien même le siége du gouvernement n'y serait pas établi !

Alger d'après le dernier recensement officiel a 52.700 habitants. Elle est au vingt-quatrième rang parmi les villes françaises, entre Nice et Orléans, avant Le Mans, Versailles, Tourcoing, Tours, Dijon etc... Si l'on compte la population de ses annexes, on arrive à un chiffre de 59.000 habitants, qui lui donne le 18e rang ; 16.800 français à peu près y sont établis.

Elle est le siége du gouvernement, de presque tous les grands établissements publics, de presque toutes les grandes administrations. A côté du Gouverneur général civil de l'Algérie, réside le commandant de la 19e division militaire. Alger a l'archevêché, la cour d'appel, un lycée de première classe. Elle a surtout été dotée tout récemment de grandes écoles supérieures qui y ont constitué un centre puissant d'instruction. Ecoles de droit, de médecine, facultés des lettres, des sciences, forment une grande université qui doit poursuivre un double but : répandre en Algérie la culture intellectuelle de la France, et faire connaître à la France, par des recherches vraiment scientifiques, l'Algérie, telle que l'ont faite la nature et l'histoire.

Alger a aussi une industrie et un commerce développé, et le voisinage de la Métidjah en fait en même temps une ville agricole.

Avec, et l'on pourrait dire malgré les constructions nouvelles, que le développement de la capitale a nécessitées, Alger reste une ville pittoresque et séduisante. Vue de la mer elle mérite son nom de cité de marbre. A l'intérieur elle se divise en deux parties distinctes, comme la plupart des villes algériennes. La ville neuve, bâtie le long de la mer et des quais du port, a conservé quelques monuments anciens, mais elle est surtout la ville des grandes maisons modernes, des larges rues, des boulevards à tramways. La ville ancienne, avec ses rues étroites, ses étages en encorbellement, ses bazars, ses mosquées, plaira toujours mieux aux amateurs du pittoresque et de la couleur locale. Elle s'élève en amphithéâtre sur les pentes du mont

Bouzaréa couronné de beaux jardins, et rempli de charmante villas, et elle est dominée par la fameuse Kasbah.

La nouvelle comme l'ancienne Alger séduisent d'ailleurs par l'activité de leur population, par le mélange et le contraste de types, de costumes, de civilisations. Les habitants appartiennent à toutes les races de l'Algérie ; Colons de toutes nations, Français, Allemands, Espagnols, Italiens, Maltais, Kabyles, Arabes, Maures, Juifs, Nègres, tous y vivent côte à côte, emportés et confondus dans le tourbillon des affaires.

Alger enfin a, pour attirer le voyageur et pour le retenir, son climat essentiellement tempéré, où les écarts de chaud et de froid sont peu considérables, où le thermomètre ne varie que de quelques unités autour de 18°, et que la brise de mer rafraîchit. En 1870 la moyenne thermométrique n'a jamais été au-dessus de 25°, (mois d'août,) ni au-dessous de 10°, (mois de décembre.)

La province d'Alger n'a qu'un port à l'Est de la capitale ; c'est Dellys, qui peut et qui doit devenir le port d'exportation de la Kabylie, le jour où l'union sera complète entre la Kabylie et les Européens, et où la prospérité commune effacera le souvenir des luttes et des haines. Ce jour se prépare, et des efforts sont faits pour le hâter. A ce titre la création d'une école d'apprentissage des arts et métiers, à Dellys, est un fait important. Depuis le 1er octobre 1880, in-

5*

digènes et Européens y sont admis, et reçoivent ensemble les bienfaits de notre instruction ; et les jeunes Kabyles remporteront dans leur montagne, avec nos arts et nos procédés industriels, le souvenir de la confraternité d'études et de travaux.

La Province de Constantine contient à elle seule plus du tiers du Tell algérien ; en effet, la région des cultures s'y prolonge presque sans interruption jusqu'au Sahara et au Grand Atlas.

La province est d'ailleurs, dans son ensemble, la plus grande, la plus belle de notre colonie. Les pluies y sont plus abondantes qu'à l'Ouest, les eaux courantes tarissent moins.

Dans l'intérieur des terres, deux villes importantes font pour ainsi dire cortège à Constantine, placée au milieu d'elles. C'est Sétif à l'Ouest, et Guelma à l'Est. Sétif est à 1085 m, sur un grand plateau dont la fertilité peut se comparer à notre Beauce. — Le climat est froid, mais d'une grande salubrité ; l'Européen n'aura pas à passer par l'épreuve de l'acclimatement. Sur ses 10,000 habitants, Sétif compte déjà 2200 français. Elle est destinée à s'augmenter. En effet une ligne de chemin de fer la réunit à Constantine et à Philippeville, et la réunira plus tard à Alger. Alors, cette ville, qui est déjà un centre militaire, agricole, et commercial considérable, deviendra le grand point d'arrêt entre Constantine et la Capitale.

Guelma de l'autre côté de Constantine, à

150 k. de cette dernière ville, à 65 k. du port de Bône est appelée aussi à un grand avenir. Son climat est salubre, elle a comme Sétif des forêts, de belles cultures, elle est riche par l'élève du bétail. Reliée par un chemin de fer, à Bône d'un côté, à Constantine de l'autre, elle le sera bientôt à Tunis. La population de 4000 habitants, sur lesquels il y a 1130 français, s'augmentera considérablement.

Mais la reine de tout le pays est Constantine; le plateau raviné qui la porte, et que l'Oued-el Kébir a si singulièrement creusé, s'élève à 650 m au dessus de la mer. A cette hauteur le climat est salubre, les hivers même sont longs et souvent rigoureux. Mais le pays qui environne la ville est d'une inépuisable fertilité, et la richesse agricole se double de la richesse forestière.

Aussi Constantine a-t-elle été de tout temps, non-seulement une position militaire remarquable, mais aussi une ville de premier ordre. C'était du temps des Romains la celèbre Cirta, la capitale du royaume des Numides, avant de devenir la capitale d'une de leurs provinces.

Aujourd'hui, Constantine, un moment déchue, se relève; elle a 40,000 habitants dont 13,000 français. Le marché aux grains est le plus important de toute l'Algérie, les farines et les semoules qui s'y fabriquent s'exportent en France et dans toute l'Europe (Bainier). Il y a même quelques industries indigènes. Dans ces rues étroites et pitoresques, dans ces ruelles qui escaladent les hauteurs, la plupart des boutiques basses et enfoncées sont occupées par des cordonniers arabes ; on en compte plus de 500 ; d'autres s'occupent de tous les ouvrages en peaux, ou fabriquent les tissus de laine que viennent acheter les Nomades du plateau. Constantine a 3 chemins de fer qui viennent se croiser tout près de la ville, le premier sur Philippeville, qui se trouve à 85 kil., le second sur Bône par Guelma, le troisième sur Sétif.

Alger est à 430 kilomètres ; une belle route y conduit, que la diligence parcourt en 48 heures. Le chemin de fer abrégera singulièrement cette distance.

Constantine a, ou pourrait avoir trois ports. Si, en prenant la ville pour centre, on traçait un cercle, les deux points, où la circonférence couperait le littoral de la Méditerranée, tomberaient aux environs de Bougie à l'Ouest, de Bône à l'Est ; entre les deux, mais plus rapproché de Bône que de Bougie, est Philippeville.

Jusqu'à présent Bougie est en réalité en dehors du cercle d'attraction de Constantine ; en effet elle ne communique avec elle que par Sétif. C'est surtout le port de cette dernière ville et de la Kabylie.

Philippeville au contraire est en rapports directs avec la capitale de la province, dont 85 kil. seulement la séparent.

Située à 4 heures de Constantine par la voie ferrée, elle en exporte tous les produits ; elle a des services incessants sur Marseille éloignée seulement de 720 kil., elle envoie même deux fois par mois des navires jusqu'à Rouen et Dunkerque. Les négociants de Nantes, de Lorient, y ont des succursales pour le commerce du poisson conservé. (BAINIER).

Philippeville a 10,000 hab., sur lesquels 5000 sont français et 4000 Maltais. Dans la région orientale, en effet, la colonisation est surtout représentée par des Italiens et des Maltais, comme elle l'est à l'Ouest par des Espagnols.

Bône est le dernier grand port à l'Est de l'Algérie, la Seybouse se jette dans la mer à quelque distance des dernières maisons, au milieu d'admirables campagnes. Le mont Edough la couvre à l'Ouest de ses belles forêts, et lui forme un couronnement imposant.

Bône se divise en deux parties : la vieille ville, escarpée, irrégulière, aux rues étroites et tortueuses ; la ville nouvelle, bien bâtie, large, aérée. Cette ville nouvelle est destinée à s'étendre, en même temps que s'augmentera et se développera le double commerce maritime et continental de Bône.

Son port est déjà au 4e rang, il offre un bon abri aux navires, il n'est qu'à 745 k. de Marseille, il a avec notre grand port français des communications régulières, avec escale à Ajaccio ; et deux cables télégraphiques sous marins établis en 1876-77 rattachent la ville Algérienne à la métropole.

Bône a d'ailleurs une richesse, qui a elle seule suffit pour assurer sa prospérité. A quelques lieues à l'Ouest de la ville, les pentes du mont

Edough descendent jusqu'au lac Fezzara. Là se trouve un village tout industriel, Aïn Mokra, habité par plus de 1200 ouvriers qui exploitent des mines de fer, les plus belles de l'Algérie ; elles ont produit, en 1879, 282.000 *tonnes de minerai*. Un chemin de fer amène à Bône le minerai qui est embarqué pour Marseille.

Une autre compagnie industrielle, la société de l'Edough exploite 6000 hectares où pousse le chêne-liège.

La Calle n'a d'importance que par la pêche du corail, et par ses belles forêts de chênes, qui couvrent 40,000 hectares environ.

Dans toute cette région de l'Est d'ailleurs, si favorisée par la nature, ce n'est pas la terre qui manque, ce sont jusqu'à présent les hommes. La Calle a des campagnes extraordinairement fertiles, des mines de plomb argentifère. Plus au Sud, tout près de la frontière orientale de l'Algérie, Soukarras, à 100 k. de Bône, fondé en 1858, et qui va devenir historique, a les mêmes avantages. Le climat salubre, les terres qui n'attendent que la culture, les cours d'eau, les forêts, les prairies, les routes qui s'ouvrent vers la Tunisie, tout est fait pour attirer les Européens, et pour faire de ce bourg de 2500 habitants une grande ville. Tout, si la Tunisie, qui est proche, à 60 kil. à peine, était un pays régulier et civilisé, au lieu d'être encore livrée dans ses montagnes à la barbarie et à la férocité.

RÉGION DES HAUTS PLATEAUX ET DES STEPPES.

Lorsqu'on dépasse le Moyen Atlas, particulièrement dans les provinces d'Oran et d'Alger, on voit tout à coup se développer sous le regard une immense étendue de pays, qui ressemble au désert par l'uniformité de ses aspects, mais qui n'est ni aride ni désolée comme lui.

Ce pays forme la seconde des régions Algériennes ; c'est le *Plateau* ou le *Steppe*.

Elevé en moyenne de 700 à 1000 m au dessus du niveau de la mer, le Plateau se prolonge parallèlement à la Méditerranée depuis le Maroc jusqu'à la Tunisie ; il est limité au Sud par le Grand Atlas, qui le sépare du Sahara ; il occupe une superficie totale de 100.000 k. carrés, dont la plus grande partie est dans les provinces d'Oran et d'Alger. En effet, large de 120 kil. au point où il quitte le Maroc, il se rétrécit peu à peu, n'a plus guère que 60 kil. dans la province de Constantine, et finit même par se confondre avec le Tell d'un côté, avec le Sahara de l'autre.

Le plateau Algérien dans les provinces d'Alger et d'Oran, est couvert de prairies, et chargé de plantes textiles : il n'a que des eaux peu abondantes, salées, ou saumâtres. Il est par excellence, la région des lagunes. A l'exception du Chéliff, qui le traverse dans sa partie supérieure, il ne contient que peu d'eaux courantes.

Les « Chotts, » les « Sebkas » s'y prolongent sur une longue ligne de l'Ouest à l'Est. Le Chott ou la Sebkha est un grand étang d'eau dormante et salée. L'aspect du Chott est sauvage, désolé, repoussant ; ses rives de sables s'avancent ou reculent suivant la saison ; elles retiennent dans leurs eaux quelques flaques saumâtres ou se recouvrent de croûtes salines. Elles s'élèvent parfois en dunes arides ou parsemées d'une maigre végétation ; ailleurs elles pénètrent au milieu des eaux croupissantes, par des bancs de sable aux formes bizarrement découpées: où commence la terre, où finit-elle, on ne saurait trop le dire. C'est le désert d'eau qui annonce le désert de sable. Quelques-uns de ces chotts sont assez étendus ; le Chott el-Gharbi coupé en deux par une langue de terre où passe la frontière Tunisienne, le Chott-el-Chergui, les Zahrès de la province d'Alger occupent la surface de plusieurs départements.

Dans ces régions hautes, le climat ressemble beaucoup à celui de la France du nord, mais avec quelque chose de plus rude, de plus violent. On a vu dans la même année le thermomètre monter jusqu'à 45° et descendre jusqu'à 7°. — Même dans l'été, les nuits sont toujours froides.

Cependant, en pénétrant plus avant dans cette région, en vivant pour ainsi dire dans son intimité, on reconnaît que, même les plateaux de l'Ouest, sont un pays habitable, et qui peut devenir prospère. D'abord, le climat est sain, l'air subtil et vivifiant; l'hiver qui dure de novembre à avril, et qui amène des neiges abondantes, n'a rien qui puisse effrayer les français du Nord, et surtout ceux de notre Plateau central, où les écarts de température sont encore plus considérables que dans les Steppes.

Enfin les Steppes sont loin d'être la région de la sécheresse absolue; les pluies n'y sont pas plus rares que dans le Tell, le vent d'Ouest les amène généralement. Elles grossissent les ruisseaux, remplissent les oueds et répandent partout la vie. Bien plus, il y a des eaux régulières, des fontaines, autour desquelles le pays a une intensité de végétation extraordinaire. L'une des Sebkhas, qui porte le nom de Zahrès occidental, reçoit même une longue rivière qui arrose à Djelfa un admirable pays; et les jardins de Chel-Allah n'ont rien à envier aux plus frais bosquets qui environnent Alger ou Blidah.

Enfin le Plateau a trois sources de richesse qui appellent, et qui ont attiré déjà la colonisation.

Le sel d'abord, que produisent ses Chotts, qui s'exploite à ciel ouvert, qui se présente parfois en immenses rochers.

Les prairies ensuite, qui nourrissent d'innombrables troupeaux, mais qui peuvent en nourrir beaucoup plus.

C'est par centaines de milliers, par millions que devra se compter un jour le bétail que les Steppes peuvent recevoir. Le jour où la colonisation sera vraiment développée, on a calculé que l'Algérie devra exporter annuellement 300.000 bœufs, et deux millions de moutons (Bainier.) Et c'est là une richesse réservée au Plateau, car le Tell n'est que médiocrement favorable, sinon à l'élevage des bœufs, du moins à l'élevage du mouton.

Le Steppe a déjà de beaux troupeaux qui dans l'été paissent ses herbes, et dans l'hiver passent dans le Sahara. Dix millions de bêtes donnant la laine errent dans la région qui s'étend de la Tunisie au Maroc, trente millions y trouveraient place sans peine.

La race Bovine se développera et s'améliorera, lorsqu'elle recevra les soins que les indigènes ne savent pas lui donner.

Enfin la race chevaline y est fort belle, et nous avons déjà à Tiaret, sur les confins du Steppe, un établissement modèle.

Quant au chameau, il est par excellence l'animal africain, et l'animal propre aux Plateaux comme au Sahara.

Mais toutes ces richesses ne sont rien auprès d'une richesse pendant longtemps méconnue, dédaignée, ignorée Sur les hauts plateaux de la province d'Oran, deux millions d'hectares à peu près sont couverts d'une herbe, drue, rude, âpre au toucher. C'est l'alfa, qui exclut toute plante sur le sol où elle pousse. Lorsque nous arrivâmes sur les hauts plateaux, nous ne fîmes nulle attention à cette herbe ; on avait assez à faire d'exploiter les richesses de Tell ; le Plateau pour nous, c'était le désert.

En 1862 pourtant on commença à exporter 450 tonnes d'alfa, puis, peu à peu on apprit comme vaguement que cette herbe trouvait son placement sur les marchés Européens, qu'elle fournissait matière à une grande industrie. En 1870, l'exportation se chiffrait par 42,000 tonnes, en 1874 par 58,000, en 1879 elle atteignait 63,000 tonnes représentant une valeur de près de 10,000,000 de francs.

L'alfa en effet est propre à une foule d'emplois ; en le tissant on en fabrique des cordes, des chapeaux, des nattes, tous les ouvrages de sparterie où excellent les Espagnols ; en le réduisant en pâte, on en fabrique le papier. Or, si l'on songe à la prodigieuse consommation de papier qui se fait dans le monde, on comprend le succès commercial réservé à une industrie, qui fournit une matière première menaçant depuis longtemps de faire défaut. Le grand journal anglais le *Times*, et beaucoup d'autres, sont imprimés sur papier d'alfa, et l'Angleterre à elle seule achète 78 0/0 de la production.

L'alfa est d'ailleurs facile à exploiter, un hectare peut fournir 1,000 kilogr. ; pour la récolte on paie l'ouvrier à tant par kilogramme recueilli, et un ouvrier actif peut recueillir jusqu'à 150 kil. par jour.

Aussi, l'alfa est-il devenu non-seulement une richesse inappréciable pour les hauts plateaux de la province d'Oran, mais aussi un agent extraordinaire de développement et de progrès pour cette province tout entière. Qui pourrait calculer ce que cette herbe vulgaire aura produit?

En 1872 se fonde une grande compagnie Franco-Algérienne ;. on lui concède le droit d'exploiter 300,000 hect. de la plaine d'alfa, elle a d'imme ses domaines dans les bassins inférieurs de l'Habra et de la Macta. Une seule condition lui est imposée, elle construira le chemin de fer d'Arzew à Saïda. En peu d'années tout change ; le chemin de fer d'Arzew coupe toute la province d'Oran perpendiculairement à la mer, il gravit ou perce les chaînes de l'Atlas, il met en communication les deux extrémités du Tell fertile, large sur ce point de 183 kilomètres, il s'élève continuement. A 188 kil. de la mer, il franchit le Col de Bou-Raached haut de 1145^{m} ; il pénètre alors dans ce que nous appelions autrefois le désert, et dans ce qui est aujourd'hui un pays tout entier de civilisation et d'industrie. La vapeur s'en est emparée, les hautes cheminées des usines se pressent dans ces plaines, où l'œil n'apercevait jadis que les tentes basses des Arabes nomades. Du kil. 188. au 195, s'étend un grand plateau de thym, parcouru par des troupeaux, coupé de quelques plaines d'orge; puis on arrive au kil. 210, et au point culminant du chemin de fer. C'est le col de Tafaroua haut de 1170 mètres. Au kil. 214, s'arrête pour le moment la voie ferrée ; elle s'étendra plus tard, et par deux bras latéraux, embrassera tous les champs d'alfa, et prendra possession du plateau.

C'est à partir du kil. 210 que commence la « mer d'Alfa », elle s'incline légèrement vers le Sud, il faut quatre journées pour la traverser jusqu'au Sahara.

Grâce à ce grand mouvement vers les plateaux, Saïda, à 800^{m} d'élévation, en plein Atlas, est devenue, ou va devenir une ville de premier ordre. Située à 171 k. de la mer ; elle n'en est plus éloignée que de 8 heures par la ligne ferrée ; elle est ainsi plus près de la France que Médéah, que nous nous habituons à considérer comme une voisine d'Alger. La plaine fertile s'étend tout autour d'elle, et se prolonge au Sud jusqu'à 10 kil. A cette distance précisément s'élève une ville nouvelle, Aïn-El-Hadjar, une cité ouvrière avec de puissantes machines motrices ; ce sont les ateliers de la compagnie des Alfas.

Les Steppes sont à tous égards la transition entre le Tell et le Sahara. Les Européens n'y forment encore que des petits groupes isolés, l'Arabe Nomade et le Kabyle sédentaire en sont les véritables habitants. Cependant nos Colons gagnent peu à peu sur cette région, où nous n'avons longtemps paru qu'en explorateurs ou en combattants.

A l'Ouest, Sebdou, Saïda, Tiaret, sont de véritables avant-postes du Tell, qu'ils, regardent d'un côté, pendant que de l'autre ils plongent sur les plateaux. Quand on les a dépassés, il faut arriver jusqu'à Géryville, position militaire hardie, à 1387 m au-dessus de la mer, pour retrouver des établissements permanents, et une population française, qui jusqu'à présent ne se compose guère que de soldats. Mais la dernière station du chemin de fer d'Arzew n'est déjà plus qu'à 120 kil. à vol d'oiseau de Géryville.

Les Steppes d'Alger n'ont jusqu'à présent pas attiré beaucoup l'attention. Cependant la position centrale de la province doit amener la préoccupation d'établir par ce côté les communications avec le Sud. Si Alger n'envoie pas encore de chemin de fer vers le centre, il y a du moins une grande route qui l'unit au désert, et à l'importante position militaire d'El-Aghouat. Elle passe à Médéah, puis s'engage audacieusement à travers les hauts plateaux, elle longe le Chéliff et vient aboutir au village de Boghari, au point ou le fleuve contourne la falaise de Boghar. Boghari est à 150 kilomètres d'Alger, et communique avec la ville par un service de diligence hebdomadaire. C'est devenu un centre commercial pour les Européens et les indigènes. Là est la frontière du Tell et du Steppe. Le voyageur Soleillet qui visita la bourgade en 1875, y vit une colonie Européenne déjà prospère. Il établit qu'il y passe en moyenne 110 charrettes par mois. Après Boghari la route se continue ; elle passe à la bourgade florissante de Djelfa, rencontre quelques auberges qui jalonnent l'immensité du plateau, et va s'arrêter à la lisière du désert,à El-Aghouât, où elle est à 450 k. d'Alger. Deux fois par semaine, une voiture fait le service entre Boghari et El-Aghouat, et rattache ainsi cette dernière ville à la civilisation et à la France.

Dans la province de Constantine, le centre le plus important du plateau est Batnah, situé à 1020 m au-dessus de la mer, et à 119 kil de Constantine. Batnah a 5000 habitants, c'est une ville de création nouvelle, fondée en 1848. Sa situation auprès de l'Aurès, les sources qui l'arrosent, ses champs de blé, ses vignes déjà prospères, ses hautes forêts de cèdres qui couvrent 4000 hectares, lui assurent un bel avenir, malgré son climat où les chaleurs et les froids sont extrêmes. Batnah est reliée au chemin de fer de Constantine à Sétif par une route, qui se continue vers le Sud, en passant par les gorges du Massif de l'Aurès.

LE SAHARA

Lorsqu'on dépasse Batnah vers le Sud, on traverse pendant 100 kilomètres environ un pays raviné, tourmenté ; on passe enfin à El-Kantara.

El-Kantara, « le pont, » garde le défilé, et pour ainsi dire l'unique porte par où l'on puisse du Tell pénétrer dans le Sahara.

Le Sahara est la troisième des régions Algériennes ; il couvre les deux tiers de nos possessions 410,000 kil. carrés sur 660,000.

Le Sahara n'est d'ailleurs, ni une dépression du sol au-dessous du niveau de la mer, ni une plaine de sable continue, ni un désert dans le vrai sens du mot, comme on l'a dit pendant longtemps.

En premier lieu le Sahara, sans être un pays montagneux, tant s'en faut, n'est pas non plus une plaine basse et unie. Il a, soit en Algérie, soit en dehors de l'Algérie, des ondulations de terrain assez considérables. Il est, dans notre colonie particulièrement, coupé en deux par une sorte de plateau, qui forme vers le Sud comme une cr rasse avancée de l'Atlas, et dont la hauteur, en suivant une ligne obliquedu N. O.

Le Désert.

au S. E. irait de 750 m à 500 et 200 m. Ce plateau lui-même est coupé de profondes vallées qui rayonnent en tous sens.

En second lieu, le Sahara n'est pas une plaine de sable continue. Le sable sans doute y occupe de grandes surfaces ; mais l'eau n'y manque pas absolument, ni avec elle la végétation.

Le Sahara a, comme les Steppes, de grands chotts, particulièrement dans la partie orientale, le Chott Melrir et le Chott-Gharnis, auquel succède, sur le territoire Tunisien, le Chott El-Djérid. Ces chotts constituent une région toute particulière. Le niveau de leurs eaux et de leurs rives est au-dessous de la mer, avec laquelle ils communiquaient peut-être autrefois, et dont les sépare aujourd'hui, près du Golfe de Gabès, une longue bande de sables et de rochers.

Mais, en dehors des Chotts salés, le Sahara a des eaux ; il a d'abord les eaux des sources, qui marquent les étapes du désert, ou fertilisent les oasis. Il a surtout des eaux souterraines.

Il est en effet bien prouvé aujourd'hui, que le Sahara eut autrefois de l'eau, et qu'il peut encore en avoir. Ces vallées qui ne sont plus que des lits sablonneux de rivières ; ces fleuves dont on ne voit que la tranchée ; ces torrents qui, descendus de l'Aurès et de l'Amour, ne continuent pas, l'Oued-Rir, qui devient plus tard l'Igharghar, tous eurent autrefois de l'eau. Elle existe encore aujourd'hui, mais souterraine, et la rivière, qui ne coule plus à fleur de terre, coule au-dessous en nappes abondantes. Qu'on aille la chercher et le Sahara sera transformé ; on a déjà accompli dans ce genre des travaux admirables, grâce au système des puits artésiens. De l'Igharghar inférieur on a fait sortir un volume d'eau de 2,400 litres à la seconde. De 1856 à 1875, 104 puits artésiens ont été creusés dans l'Oued Rir, et le Hodna. Près de Tuggurt on a creusé, pour la somme de 3000 francs, un puits artésien qui donne 4000 litres d'eau par minute. Au sud de Biskra en 1875, un autre puits artésien a transformé et vivifié l'oasis d'Ourlhana, d'autres ont été creusés sur la route d'Ouargla.

C'est là le véritable avenir du Sahara, et ces dépenses d'une utilité immédiate valent mieux peut-être que des projets plus séduisants pour l'imagination. Qu'on multiplie les puits artésiens, qu'on régularise par des barrages la distribution de l'eau là où elle existe, et l'on verra pousser la vigne, comme à Tuggurt, en plein désert ; ou bien l'on mettra en exploitation, comme près d'El-Aghouat, grâce au barrage de l'Oued-Mzi, 1000 hectares de plaine d'un seul coup.

Il y a un autre côté de la question, et qui n'est pas le moins intéressant. De quelle influence ne peuvent pas être auprès des indigènes les progrès accomplis ! quelle reconnaissance n'avons-nous pas droit d'espérer, lorsque nous fournirons, comme par miracle, l'eau, à ces habitants altérés du pays qu'ils appellent le pays de la chaleur !

En troisième lieu, le Sahara n'est pas absolument un désert ; il est habitable, et il est habité ; il est surtout parcouru. Sans doute, il y a bien des parties où l'homme, durant une longue journée, ne voit que le sable, le ciel et le soleil ; mais partout où existe une source, où coule un filet d'eau, la végétation lutte victorieusement contre l'aridité. Elle forme ces oasis d'autant plus admirables que leur fraîcheur contraste avec la sécheresse du Sahara, et l'homme peut vivre et vit en groupes souvent nombreux. Il y a telles de ces oasis qui sont de véritables villes ; entre elles s'établissent des rapports de commerce, d'affaires ; et de longues caravanes sillonnent ainsi incessamment la plaine des sables.

Le désert « utilisable » est, en somme, un pays sain, malgré les extrêmes contrastes de sa température.

Tout le monde sait que le Sahara est une des régions du globe où se produisent les plus grandes chaleurs. Le mois de mai est l'époque où elles commencent ; elles vont en augmentant jusqu'en juillet où elles atteignent leur maximum. Le thermomètre alors arrive jusqu'à 40, 45, et 50 degrés à l'ombre.

En juin 1877 à Ouargla, le voyageur Largeau observa à l'ombre 48., 5 ; le thermomètre à 6 heures du matin marquait 32. Le premier juillet à 2 heures de l'après-midi, le thermomètre arrivait à 50, toujours à l'ombre ; le 23 juillet, enfin ce fut 55 ; au soleil le thermomètre monta à 64, et le sable surchauffé put donner une température de 80. Cet été, il faut le dire, fut un des plus chauds, mais il n'était pas exceptionnel.

On sait moins communément que le Sahara est un pays froid, et cependant l'hiver, qui dure de novembre à avril, et qui est la saison des pluies, quand les pluies tombent, fait souvent descendre le thermomètre au-dessous de 0. A Tuggurt on a observé — 2 et —5; à Ouargla, il gèle fréquemment vers le mois de novembre. Il y a souvent des brouillards très-épais, et un développement d'électricité remarquable, à ce point qu'on la produit en secouant un burnous de laine, tant l'air en est saturé.

C'est la sécheresse du pays qui en rend le climat supportable pour les Européens. La même chaleur qui, au Sénégal, enlève les forces, amène l'anémie, les fièvres, la dyssenterie, se supporte dans le Sahara. Elle accable, elle anéantit presque l'Européen tant qu'elle dure.

Mais, une fois la fraîcheur revenue, il retrouve l'élasticité de ses muscles, et n'a pas à craindre ces terribles maladies, sous lesquelles succombe son compatriote sur la côte Occidentale de l'Afrique.

Le Sahara est surtout caractérisé pour les Européens par un arbre et un animal : l'arbre c'est le dattier, l'animal c'est le chameau.

L'un et l'autre cependant se trouvent dans toute l'Algérie, mais dans le désert il n'y a presque rien de vivant en dehors d'eux ou sans eux.

Le palmier dattier pousse dans le Sahara partout où il y a de l'eau à fleur de terre ou souterraine ; c'est lui qui constitue par excellence l'oasis. Lorsqu'il rencontre assez d'eau, et il lui en faut beaucoup, il s'élève en groupes admirables, qui forment à la surface du désert comme d'immenses phares de verdure. Il n'est pas seulement précieux par lui-même, mais par tout ce qu'il fait vivre et abrite. Sous son dôme de feuillage se développe une végétation délicate, que le soleil brûlerait si le palmier ne tamisait ses rayons. Arbres fruitiers, orges, seigles, légumes croissent sur le bord des filets d'eau qui irriguent l'oasis, et à l'ombre des palmiers.

« Le dattier paraît indifférent à la nature de l'eau ; il prospère également bien, étant arrosé avec de l'eau thermale, avec de l'eau saumâtre et avec de l'eau douce. Il fleurit au mois d'avril et les fruits mûrissent au mois d'octobre ; chaque arbre produit dans sa plus grande force de 8 à 10 régimes par an, donnant chacun 6 à 10 kilogr. de dattes, soit 7,200 kilogrammes par hectare. On récolte au mois de novembre. Les dattes valent, dans le désert, au moment de la récolte, une fois moins que le blé, c'est-à-dire que dans l'échange on a deux de dattes pour un de blé. Dans le Tell, au contraire, au moment de la moisson, les dattes valent deux fois le blé, c'est-à-dire que l'on a deux de blé pour un de dattes. Sur les lieux de production les dattes valent de 0,10 à 0,12 le kilogramme. » (BAINIER).

En estimant à un million le nombre des dattiers du Sahara, on arrive à une production totale assez considérable, mais qui se consomme presque toute entière dans le pays même.

A côté du dattier, il faut placer, dans le règne animal, le chameau dromadaire. C'est là, comme comme on l'a si souvent dit, le vaisseau du désert.

Supprimez le chameau, et le désert sera rendu à sa désolation ; toute communication est impossible entre les oasis éloignées, qui deviennent ce que seraient les îles de la mer, si la navigation n'était pas connue.

Le chameau Algérien comprend deux espèces particulières : le chameau ordinaire ou chameau porteur (Soleillet), il peut porter de 200 à 300 kil, et il peut faire d'un pas lent, mais égal 12 à 15 lieues par jour. Il est surtout précieux par son extrême sobriété.

Le chameau méhari ou chameau de course est l'animal de luxe, il peut faire 100 kilomètres en une seule course (Soleillet), et peut avec du repos, parcourir jusqu'à 30 et 40 lieues par jour. Les chevaux algériens sont plus rapides, et peuvent faire jusqu'à 100 kilomètres, mais ils ne peuvent porter aucun poids, et n'ont pas la sobriété du chameau.

Avec le chameau et le dattier l'indigène peut vivre ; le dattier lui fournit sa nourriture, les objets d'échange, le chameau le transporte, lui donne le lait, la laine, il est pour lui ce qu'est le Renne pour l'habitant des pays septentrionaux. Qu'on ajoute à cela les moutons, car le Sahara peut nourrir en certaines parties des troupeaux, et l'on comprendra que le Sahara n'est pas dénué de ressources ; il suffit en tout cas à l'existence d'un peuple chez qui la vie physique n'a pas grandes exigences.

Il peut paraître étonnant au premier abord qu'on parle de villes dans le désert ; et pourtant il y a des villes, et même des villes assez peuplées.

Lorsqu'on descend de la province d'Alger vers le Sud, et lorsqu'on a dépassé l'Atlas, le premier centre de population qui se rencontre est Laghouat, ou El-Aghouat.

El-Aghouat est une ville de 3600 habitants; elle se soumit à la France en 1844 ; révoltée, elle fut reprise en 1852.

Elle est située au centre de l'oasis des Ksour, qui a à peu près 3 kil. de tour, et sur un plateau de 780 m ; elle n'a par conséquent pas tout à fait le climat Saharien. Le dattier même ne peut pas y donner des fruits complètement mûrs, n'y trouvant pas à un certain moment assez de chaleur ; ni l'oranger, ni le citronnier n'y viennent. Mais Laghouat a mieux que le dattier; dans la plaine accidentée qui l'entoure, au milieu des cluses qui la découpent et la ravinent, s'étendent d'admirables cultures, des jardins remplis de tous les arbres fruitiers d'Europe; et depuis que des travaux d'irrigation ont été exécutés, 1000 hectares ont été conquis au travail de l'homme (BAINIER). Il y a aujourd'hui des vignes.

Ce n'est pas tout ; le plateau au Sud de Laghouat est couvert de troupeaux (SOLEILLET) ; on est parvenu d'une façon remarquable à y acclimater le mouton mérinos.

Grâce à son élévation ; Laghouat a un climat sain, assez froid dans l'hiver ; il n'est pas rare de voir le thermomètre descendre en janvier à — 3°.

Sans aller jusqu'à l'exagération arabe qui appelle Laghouat l'Alger du désert, on peut prévoir pour la ville un certain avenir. Située à 450 kil. d'Alger au N., à 415 k. d'Ouargla au S, Laghouat est déjà le centre des communications entre les deux extrémités de notre colonie, et le siége d'un gouvernement militaire.

Il n'est pas impossible qu'elle devienne tête de ligne d'un chemin de fer.

Il y a à l'Est une autre ville dès à présent bien plus importante. C'est Biskra, la capitale du pays des Zibans, et la capitale peut-être du désert. Biskra est située à l'entrée du Sahara au « Foum-es-Sahara » (bouche du Sahara). Elle est entourée d'oasis fertiles, elle a un admirable climat. C'est déjà, paraît-il, une ville d'hiver. Elle compte 7200 habitants dont 250 sont français. Située à 125^{m} au-dessus de la mer, Biskra cultive le dattier, (130,000 arbres) l'olivier (5000 plants), la vigne, les fruits. Elle reçoit de l'Aurès quelques cours d'eau, qui, à certaines époques de l'année au moins, fournissent de quoi arroser le pays. Elle a le grand avantage de n'être qu'à 235 kil. de Constantine, à quelques lieues du Tell, qui cesse à peine à ses portes.

La population indigène est énergique, dure au travail; elle émigre, comme nos auvergnats, vers les grandes villes. Les « Biskris » sont nombreux à Alger, à Constantine; ils exercent le métier de porteur d'eau, de portefaix, puis reviennent au pays natal. Ils y rapportent notre langue, devenue chez eux un patois grossier, nos habitudes, et une certaine sympathie pour les français, à qui ils doivent ce qui est pour eux la fortune. (O. Reclus.)

Plus au Sud encore que Biskra, Tuggurt est aussi un centre florissant, et dont les 6000 habitants se francisent peu à peu.

Lorsque Soleillet passa à Tuggurt en 1874, l'Agha était un indigène, officier de Spahis, ancien élève de l'école française de Biskra. Chose curieuse, cet Agha, perdu, à ce qu'il semble, à 400 kil. de la Méditerranée, était propriétaire d'une petite maison à Chatou, près de Paris. Homme intelligent et actif, il ne se contentait pas d'être à Tuggurt le représentant le plus avancé de notre civilisation, il poussait encore plus loin nos avant-gardes, et il avait établi près de Ouargla, une ferme modèle, où il cultivait le coton.

Après Laghouat, Biskra, Tuggurt, on est encore en Algérie française, mais on ne rencontre plus de français. Les oasis situées au Sud et au centre du Sahara reconnaissent notre domination, nous paient un tribut, mais échappent presque complètement à notre action, et nous ne les gouvernons qu'indirectement.

Il y a en somme dans le désert deux populations : la population sédentaire qui habite les villes, cultive les jardins, travaille surtout la laine ; la population nomade qui sert de lien entre les différents centres habités du Sahara.

Beaucoup de nomades vivent d'une vie régulière, et appartiennent presque à la civilisation par leurs habitudes de travail ; d'autres tribus du désert sont plus difficiles à maintenir, et plus redoutables. Elles ont conservé de la vie nomade l'instinct du pillage ; rebelles à nos mœurs comme à notre domination, ayant horreur de tout ce qui est régularité, elles parcourent le désert en ennemies, non pas seulement de l'Européen mais des indigènes, et s'enrichissent par le vol. C'est elles que redoutent les caravanes, c'est à leur approche que les gens des oasis s'enferment derrière leurs fortifications de boue. Elles sont, on peut le dire, la terreur du Sahara.

L'une des plus importantes est la tribu des Châamba, entre Ouargla et El-Goléah.

C'est à Ouargla en effet, qu'on peut saisir encore pure de tout mélange et de toute influence la vie des Sahariens.

Ouargla est au milieu d'une oasis ; c'est un des centres les plus considérables qu'il y ait depuis le Tell.

La population est extrêmement mélangée, on

y trouve des Châamba, des Beni-Mzab, des Berbères, des Arabes, toutes les tribus du désert y sont représentées. Les nègres mêmes y sont assez nombreux, esclaves pour la plupart ; car l'esclavage existe encore chez les tribus du désert. Il est, à vrai dire, assez adouci dans la pratique.

Ces indigènes ne connaissent rien ou presque rien de nous ; ils ont conservé leurs mœurs, leurs superstitions, leurs usages à la fois naïfs et grossiers.

Nous avons cependant fait flotter notre drapeau plus loin encore qu'Ouargla ; et le dernier point que nous occupions est à 1100 kilom. d'Alger. C'est le rocher d'El-Goléah.

El-Goléah reconnait notre suzeraineté depuis l'expédition accomplie par le général de Galiffet en 1873. Ç'a été une des marches les plus hardies et les plus heureuses faites à travers le désert. Le général partit de Biskra le 20 décembre 1872, il avait avec lui 700 hommes environ, et une pièce d'artillerie de montagne ; le 30 décembre il était à Tuggurt, le 8 Janvier 1873 à Ouargla.

Là commençaient les vraies difficultés ; il fallait faire route pendant 370 k. à travers un pays sans ressources et sans eau. Mais les précautions avaient été admirablement prises ; nos fantassins devaient à partir d'Ouargla voyager à dos de chameau, l'escadron de Spahis conservait ses chevaux africains.

On emportait pour 40 jours de vivres ; on

avait 1000 tonnelets, contenant chacun 50 litres d'eau, et 1400 outres, contenant de 15 à 20 litres.

Le 11 janvier on quittait Ouargla, le 24 janvier on était devant El-Goléah ; après un court engagement, l'oasis reconnaissait notre souveraineté, et les 16000 palmiers qu'elle contient étaient soumis à l'impôt. — Puis nos soldats regagnaient sans encombre, et par une route nouvelle, l'oasis d'Ouargla. L'expédition avait été si bien conduite, qu'on n'avait pas perdu un homme dans cette marche extraordinairement rapide de six semaines. C'était la première fois depuis 1859, qu'El-Goléah était revue par des français. Mais en 1859 c'était un voyageur isolé, M. Duveyrier, qui y pénétrait comme timidement et craintivement; en 1873 c'étaient nos jeunes troupes, qui y entraient tambours battants, clairons sonnants, et drapeaux déployés.

On avait été accueilli par les Arabes sédentaires avec satisfaction, les nomades essayèrent de nous échapper en s'enfuyant plus au Sud ; repoussés par les tribus du Touât, ils se décidèrent à implorer leur pardon, à demander « l'aman. »

Pouvons-nous aller plus loin encore qu'El-Goléah? Au Sud, à l'Est, à l'Ouest de la ville, s'étend la dune de sable, aride, sans eau ; en certaines parties, elle ne peut se franchir que par une marche de 15 jours.

Il y a surtout un point qui attire notre attention, c'est Aïn-Salah, capitale de l'oasis du Touât, au sud de notre possession.

Le Touât est une région assez fertile et assez habitée : Aïn-Salah qui s'y trouve est à égale distance d'Alger, de Tombouctou, de Mogador, de Tripoli : c'est un centre de caravanes important ; on compte jusqu'à 18 routes du désert convergeant vers l'Oasis.

Mais le pays nous est tout à fait hostile ; en 1861, il s'est placé sous le protectorat du Maroc ; et Soleillet, en 1874, n'a pu que pénétrer dans la ville pour en sortir immédiatement. C'est pourtant de ce côté que se sont tournées depuis quelque temps les préoccupations ; et les explorations faites pour arriver à la construction du chemin de fer vers Tombouctou, ont abouti à la désastreuse expédition du colonel Flatters.

De l'autre côté, à l'est, se trouve Rhadamès sur la frontière de Tripoli. Pour gagner Rhadamès depuis le dernier établissement français, il y a 10 à 12 journées de marche à travers la dune aride et compliquée. La région est infestée par le brigandage, et le pacha de Tripoli s'oppose à toute relation avec notre colonie. C'est en vain que Largeau en 1875 a essayé d'amener les habitants à entamer un commerce d'échange. A l'Ouest enfin, Tafilet, dans le Maroc, n'a été vue que par de rares voyageurs, et paraît échapper à nos moyens d'action.

Un projet d'aspect grandiose avait été mis en avant pour la transformation, non plus lente et progressive, mais brusque et instantanée d'une partie du Sahara.

Les Chotts, qui s'étendent au Sud-Est de l'Algérie, et se prolongent jusque vers la Méditerranée, ne sont séparés du détroit de Gabès que par une étroite bande de sables, de dunes, ou de rochers, large de 20 kil., et d'une altitude de 46 mètres au plus.

Or ces Chotts, et le terrain qui les borde, se trouvent au-dessous du niveau de la mer; il y a entre la surface des eaux de la Méditerranée et celle du Chott Melrir, une différence d'environ 32 mètres. Le commandant Roudaire proposait de créer une sorte de mer intérieure en communication avec l'autre, une Méditerranée Algérienne. En effet, une fois les 20 kilomètres de sable et de rochers percés, les eaux de la grande mer vont se précipiter par cette ouverture, elles se répandront jusqu'au moment où elles atteindront des terres à leur propre niveau. Les trois ou quatre Chotts se trouvaient ainsi remplis, et, à la place de ces marécages salins, on avait une grande masse d'eau intérieure.

Les avantages d'après lui étaient les suivants: Biskra, Tuggurt, devenaient des voisines de la mer, et en communication avec la France; Rhadamès, El-Goléah n'étant pas plus éloignées de Tuggurt, que Tuggurt ne l'est de Constantine, nous prenions par là possession du désert, et par le désert, du Soudan et de l'Afrique Nord-Ouest.

Ce n'est pas tout, le Sahara est Sahara parce qu'il lui manque l'humidité qui fertilise. Le voisinage de la nouvelle mer allait modifier son climat. Cette grande masse d'eau se vaporisant produisait les nuages, et les nuages la pluie. Dès lors la région intérieure devenait apte à recevoir la végétation, et celle-ci se répandant de proche en proche reconquérait le désert.

Ce projet séduisant a rencontré des contradicteurs, dont quelques-uns ardents. On a objecté des difficultés d'exécution bien plus grandes que ne le disait le commandant Roudaire, la dépense, qui dépasserait de beaucoup la somme déjà si élevée qu'il fixait. Quant aux résultats, cette mer une fois créée artificiellement durera-t-elle ? Elle serait en réalité bien moins étendue que ne le disait le commandant Roudaire, 8000 k. c. au plus ! Sous ce climat brûlant, au milieu de ces sables, l'évaporation si active ne la changera-t-elle pas en lagunes? On parle des modifications du climat ? qui sait si elles ne seraient pas plus nuisibles que favorables? La masse de nuages qui s'élèverait dans l'atmosphère serait imperceptible, et ne produirait pas plus de pluie que les nuages, qui ne manquent pas au désert, mais qui s'en vont toujours porter plus loin le bienfait des eaux qu'ils recèlent. Le développement de l'humidité? L'humidité serait fatale ; ce qui sauve l'Européen au désert c'est précisément la sécheresse. La chaleur la plus redoutable, la plus terrible, est celle du Sénégal, des Guyanes, où le thermomètre ne monte pas plus haut qu'au Sahara, mais où l'air est chargé de vapeurs. Ces arguments ont été développés surtout par Monsieur Pomel dans une étude sur le Sahara. Et pour le moment au moins, ce qu'on peut appeler le projet Roudaire, est abandonné. On pourrait le regretter sincèrement, s'il n'y avait pas à tenir compte d'une dépense immense, pour un résultat un peu incertain. Mais que l'on consacre le centième seulement de ces millions au creusement de puits artésiens, et on aura accompli, sans mécompte possible, sans grand risque couru, l'œuvre la plus utile et la plus nationale.

Arabes.

LES RACES

Sur ce sol Algérien où la nature présente de si grandes différences et des contrastes parfois si saisissants; dans ce pays où les végétaux Européens, même ceux du Nord, poussent à côté des plantes tropicales, et où d'ailleurs ont passé tant de conquérants, les Races d'hommes doivent se trouver singulièrement mélangées.

Et en effet l'Algérie a des habitants de toutes les parties de l'ancien continent. C'est dans les grandes villes surtout, à Alger, à Oran, à Bône, à Constantine, qu'est remarquable cette diversité d'hommes, qui tranche si singulièrement avec l'uniformité de types que nous sommes habitués à rencontrer en France.

Les principales races elles-mêmes se subdivisent en une foule de rameaux secondaires. Parmi les Européens, il est souvent facile de distinguer le Français, du Belge flegmatique, de l'Espagnol grave, de l'Italien remuant. Dans la population indigène, l'Arabe, le Kabyle, le Juif, ont à côté d'eux une foule de variétés, le Koulougli ou issu de Kabyle et de Turc, le Turc lui-même, le Maure etc. etc.

En somme, si l'on cherche quel est le fond

de la population Africaine proprement dite, c'est la race Kabyle qu'il faut étudier.

Ce mot de Kabyle est d'ailleurs un terme impropre. Les « Kabyles » ce sont les « confédérés, » et nous avons appliqué à une race, ce qui désignait simplement un groupe politique. Le terme générique serait celui de Berbère.

Les Berbères constituent une grande race, qui ne se trouve pas seulement en Algérie, mais dans toute la « Berbérie » et dans l'Afrique du Nord. Ce sont les plus anciens habitants du pays ; c'est eux que nous trouvons désignés dans les textes les plus antiques de l'histoire Egyptienne, sous le nom de Libyens. Ils ont été dépossédés peu à peu d'un sol qui leur appartenait exclusivement : mais Libyens, Numides, Berbères, ou Kabyles, ils n'ont pas cessé de déployer contre l'envahisseur une grande énergie de résistance.

Le Berbère pur est un homme de race blanche ; s'il n'est pas sans quelques rapports de parenté primitive avec l'Arabe, il s'en distingue aujourd'hui par beaucoup de traits.

Il a un type physique distinct, une langue particulière, au moins dans certaines régions, des habitudes et des institutions spéciales. La conquête arabe, il est vrai, lui a imposé une religion nouvelle, le Mahométisme, et souvent aussi la langue même des conquérants.

Quoiqu'il en soit, le Berbère conserve des traits originaux, particulièrement chez les

Touaregs, ces peuples qui parcourent le désert au Sud de l'Algérie. Ceux-là ont gardé toute la pureté de la race ; en Algérie même le Berbère ne doit jamais être confondu avec l'Arabe.

Le type physique ressemble sans doute beaucoup à celui de l'Arabe ; on observe cependant que la physionomie du Kabyle est un peu moins fine, quoique très-intelligente, que la peau reste blanche chez le Berbère, que les cheveux et la barbe sont fréquemment châtains, les yeux parfois gris ou même bleus ; que la mâchoire est plus carrée, en même temps que les pommettes sont plus saillantes. En un mot le Kabyle se rapproche plus que l'Arabe de l'Européen.

Mais c'est dans les institutions et dans les usages surtout, que le Berbère se distingue des autres indigènes.

En ce qui touche les usages privés, le Kabyle est essentiellement et naturellement sédentaire, il n'est nomade qu'exceptionnellement et par nécessité. Il est travailleur, actif, rangé, économe ; il s'occupe, soit d'agriculture, soit d'autres métiers manuels : il est probe, franc, loyal, quoique violent. La condition des femmes est chez lui à peu près indépendante, elles ne se voilent point. Enfin la propriété individuelle existe chez le Kabyle.

C'est dans les montagnes du Djurjura, que la race Berbère a été surtout vue et étudiée. C'est là que se sont conservés une foule d'usages précieux pour l'observateur.

Le mariage se célèbre encore avec des cérémonies extérieures solennelles. Il en est de même des funérailles.

Le « Çof » est une association d'assistance mutuelle, dans la défense et dans l'attaque, pour toutes les éventualités de la vie : « aide les tiens, qu'ils aient tort ou raison » tel est le principe Kabyle. (Hanoteau et Letourneux *La Kabylie*, t. II.)

Les « Çofs » sont donc des partis qui se forment dans un village, pour la défense des intérêts de ceux qui s'associent.

« Quel que soit le parti qu'il embrasse, le Kabyle s'y donne tout entier. L'honneur et les intérêts du Çof deviennent sa passion, sa préoccupation constante. Pour eux il néglige ses affaires, brise ses liens de famille, si précieux pour lui, et s'expose volontiers à la mort. Aucune mauvaise action ne lui coûte, il ne s'inquiète ni du droit ni de la justice. » (Hanoteau et Letourneux).

L'« Anaïa » est la protection accordée à une ou plusieurs personnes par un particulier ou un Çof.

Si celui qui a donné l'anaïa ne peut accompagner son protégé, il lui remet, comme gage de sa parole, un objet connu dans le pays pour lui appartenir. Cet objet devient un sauf-conduit symbolique, qui équivaut à la présence du propriétaire. Le Kabyle qui a accordé l'anaïa doit, sous peine d'infamie, y faire honneur, eût-il à s'exposer à tous les dangers. « Celui qui accompagne son protégé, est censé mort jusqu'à ce qu'il l'ait conduit en lieu sûr (HANOTEAU). »

« L'Anaïa est une montagne de feu, mais c'est sur elle qu'est notre honneur » dit un poète.

Les « Marabouts » sont les descendants des personnages qui ont laissé une réputation de sainteté. Ils forment ainsi une caste particulière. On naît Marabout, on ne le devient pas.

Ils ont des priviléges considérables et sont une véritable aristocratie religieuse. Très nombreux ils occupent souvent des villages tout entiers.

Ce qui nous intéresse plus encore, ce sont les idées des Kabyles sur la guerre et sur les devoirs de chaque citoyen de la tribu. Le Kabyle n'aime pas la guerre de passion, elle n'est pas pour lui une fantaisie brillante ; il la fait par point d'honneur, ou pour défendre son indépendance, à laquelle il attache un grand prix. Dans nos premières campagnes, il nous est souvent arrivé de batailler toute une journée contre les habitants d'une tribu réfugiée dans ses montagnes. Le lendemain on voyait avec étonnement arriver le chef de la tribu, qui venait s'accommoder avec le général français. « La poudre avait parlé, » l'honneur était sauf, cela suffisait.

Pourtant le service militaire est considéré comme un devoir sacré ; s'y soustraire est un déshonneur ; et, dans « la guerre sainte » surtout, nul, même les Marabouts, ne peut être dispensé. Pour suffire aux dépenses des hostilités, on emploie le revenu des mosquées, on lève des impôts extraordinaires.

Malgré tout, les Kabyles s'assimileront sans doute à nous dans un avenir plus ou moins éloigné. Leur religion n'est pas marquée du du caractère de fanatisme qu'elle a chez les Arabes, et ils sont Musulmans assez tièdes, ce qui supprime une des causes d'éloignement les plus graves. Sédentaire, travailleur, propriétaire, le Kabyle doit finir par attacher un certain prix à la tranquillité que nous lui assurons. Il émigre dans nos villes, se mêle à chaque instant à nous, prend notre langue, nos habitudes, et revenu dans son village, il est à demi-français.

Bien différent est l'Arabe. L'Arabe appartient comme le Berbère à la race blanche, mais son type est distinct. Les traits du visage sont réguliers ; le nez aquilin, la figure longue et fine, la peau basanée jusqu'à être foncée, les yeux noirs, ainsi que la barbe et les cheveux, donnent à la physionomie de l'Arabe un caractère de gravité extérieure, que complètent sa démarche lente, l'austérité de ses gestes, le silence habituel qu'il garde.

L'Arabe est essentiellement nomade et cavalier ; il semble inséparable de son cheval légendaire. Toute sa vie se passe, ou dans la paresse, la contemplation passive, l'immobilité, ou bien au contraire dans les expéditions aventureuses, les longs parcours à travers le désert, les razzias brillantes.

L'Arabe en effet vit surtout de pillages et de guerres ; le pillage est pour lui un besoin, la guerre une passion. Il la fait par plaisir, par tradition, par amour-propre. Il la fait en chevalier, en bandit et en poète ; il y cherche des sensations fortes, et pour ainsi-dire des inspirations.

En dehors de la guerre l'Arabe ne sait rien ; il est resté à l'état rudimentaire. Si parfois, dans le Tell, il est sédentaire et cultivateur, il ne sort pas de la routine, et le suprême effort pour lui est de continuer ce qu'ont fait ses devanciers. Dans le Sahara, où il élève des troupeaux avec lesquels il se transporte de paturage en paturage, il n'a, depuis qu'il est en contact avec nous, réalisé aucun progrès, soit pour améliorer, soit même pour conserver le bétail.

Tout dans les mœurs privées ou publiques est stationnaire. L'Arabe a conservé la polygamie que lui permet le Coran ; il a autant de femmes qu'il en peut nourrir, ce qui fait d'ailleurs que la polygamie existe seulement parmi les riches.

La femme est pour l'Arabe surtout une ouvrière, elle prépare sa nourriture, soigne le bétail, file la laine, tisse les vêtements, s'occupe des soins les plus grossiers du ménage, vaque aux travaux souvent les plus rudes; pendant ce temps le mari reste à rêver, fumant le narghillé, ou absorbant silencieusement le café qui est son breuvage favori. Elle n'est en contact avec aucun autre homme que son époux, elle vit enfermée dans l'intérieur ou ne sort que voilée.

L'Arabe n'est pas propriétaire,au moins dans la plupart des tribus ; le territoire reste indivis et appartient à la communauté.

Dans le désert il habite le gourbi, c'est une sorte de hutte de branches d'arbres et de boue gâchée, ou bien encore la tente, la « Chaïma » ; plusieurs tentes forment un « douar ».

Les Maures sont une race mélangée, ils sont au nombre de 80.000 en Algérie. Ils ont la peau plus blanche que les Arabes, on les trouve surtout dans les villes où il font le petit commerce, où ils occupent ces rues étroites qui s'allongent en obscurs bazars. Ils n'ont d'ailleurs aucune influence, sont tenus à l'écart par les Arabes comme par les Kabyles, et dépendent entièrement de nous.

Les Koulouglis sont des descendants de femmes Maures et de Turcs ; c'est une population intelligente, et qui nous est d'autant plus dévouée, qu'elle a toujours eu besoin de nous. Mais ils ne sont pas beaucoup plus de 15 à 20.000.

Les nègres sont répandus dans toute l'Algérie ; le recensement ne donne qu'un chiffre de 4,000, il est probable qu'ils sont beaucoup plus nombreux dans les oasis du désert ; ils vivent tantôt esclaves, car l'esclavage existe encore au Sahara, tantôt libres, mais toujours dans une condition inférieure. Dans les hauts Plateaux et dans le Tell, ils ne sont plus qu'à l'état libre. Ceux qui avaient été amenés comme esclaves ont été affranchis en 1848 (Bainier.) Ils sont en général artisans, petits ouvriers, portefaix, toujours laborieux, faciles à vivre, dévoués. Dans les villes ils ont conservé beaucoup de leurs usages, ils habitent encore des quartiers séparés, et célèbrent leurs fêtes avec la joie exubérante d'une race, restée ardente, naïve, et étrangère à toute règle comme à toute étiquette.

Avec les Juifs nous nous rapprochons des habitudes Européennes. L'histoire de la race Juive est en Algérie ce qu'elle a été partout, une histoire d'oppression, de persécution, mais en même temps de résistance inerte et tenace, toute mêlée de ruse et de faux-fuyants. Contre l'oppresseur, le Juif n'exerce qu'une représaille, c'est de devenir à force de travail, d'économie sordide, de patience, plus riche que le persécuteur, et de le dominer par la puissance de l'argent.

L'arrivée des Français fut pour les Juifs un bienfait ; la conquête leur assura tous les avantages de notre tolérance, et d'une administration régulière et protectrice. Elle les débarrassa des exactions des Turcs, elle leur valut en même temps des occasions d'affaires qu'ils ne laissèrent pas échapper.

Enfin le décret du 24 Oct. 1870, rendu au cours même nos désastres, a naturalisé en bloc tous les Juifs habitant l'Algérie ; ils y étaient à peu près au nombre de 30.000 ; ils sont aud'hui électeurs et jurés comme nos émigrants; ils sont au profit et à l'honneur sans avoir été beaucoup à la peine.

Les Juifs fournissent la transition naturelle pour arriver aux Européens. Ceux-ci sont en tout 390.000 sur lesquels on ne compte que 195.000 français.

Le reste se compose d'Espagnols (94.000) d'Italiens (26.000), de Suisses (2700), de Belges, (800), d'Allemands (6.500), d'Anglais (14.000), de Maltais etc.

Chaque peuple apporte là ses habitudes et ses aptitudes.

« L'Espagnol, le Maltais, le Mahonnais sont excellents pionniers, c'est-à-dire défricheurs, jardiniers, planteurs de tabac. Les Mahonnaises, coiffées gracieusement d'un foulard, sont bien connues à Alger, où elles sont domestiques et nourrices. Les Mahonnais s'adonnent à la culture maraîchère.

Le Maltais, parlant l'Arabe, et baragouinant l'Anglais, l'Italien, et le Français, réussit presque toujours dans ses entreprises..... il est pêcheur, batelier, chevrier, marchand de bestiaux, portefaix surtout.

Le Génois est particulièrement jardinier.

L'Italien est surtout tailleur de pierre, maçon, briquetier, charpentier, menuisier.

Le Suisse est éleveur de bétail, préparateur de fromages.

L'Allemand, le Belge se prêtent à tous les

travaux sans spécialité, mais l'Allemand est surtout cultivateur.

Le Français fait de même tous les métiers, et gouverne tout ce monde, comme conducteur, contre-maître, chef. » (MOLL, *cité par* DAINIER).

Quant aux Français, ils ne sont pas à beaucoup près aussi nombreux qu'ils devraient être, dans un pays qui pourrait devenir une seconde patrie. Quelques progrès ont été réalisés dans ces derniers temps ; mais il est triste de penser, qu'en cinquante années, une moyenne par an de 3.000 des nôtres à peine a franchi la Méditerranée, pour émigrer vers la terre Africaine, pendant que le flot se porte vers des terres étrangères, et bien plus éloignées : l'Amérique du Sud ou l'Amérique du Nord.

En général les émigrants en Algérie sont surtout des gens de notre Midi. Depuis les désastres de 1870 un certain nombre d'Alsaciens ont été chercher dans l'Atlas une nouvelle patrie. Ils ont apporté là de précieuses habitudes d'ordre et de travail.

Les émigrants appartiennent à toutes les classes de la société. Tous sont intéressants, mais ceux auxquels la France est surtout sympathique, ce sont les colons proprement dits, ceux qui vont là-bas s'attaquer au dur labeur de la terre. Où n'en voit-on pas de ces hardis colons? Bien peu aujourd'hui s'arrêtent dans le Tell déjà occupé, ils vont sur les hauts plateaux, où ils se livrent à l'élevage du bétail, et pénètrent même jusqu'à la limite du désert, qu'ils conquièrent après nos soldats.

L'émigrant français bien souvent aussi est petit industriel, commerçant, ouvrier. Charpentier, forgeron, serrurier, il avance jusqu'à ce qu'il trouve un village, un hameau, où son travail soit nécessaire, et où une petite clientèle lui assure une juste rémunération. Ainsi se fondent de petits centres d'industrie locale, qui peu à peu entrent en relation les uns avec les autres.

La grande exploitation a aussi parmi les Français des représentants assez nombreux, hommes d'initiative, de hardiesse, qui embrassent un vaste champ d'opérations, risquent des capitaux considérables, et s'enrichissent en même temps qu'ils enrichissent l'Algérie. Quelques entreprises sans doute ont été hâtivement et témérairement conçues ; elles ont entraîné avec elles des désastres. Il n'en est pas moins vrai que c'est par des capitalistes, particuliers ou compagnies, que peuvent être préparés où accomplis les grands progrès d'ensemble. C'est par eux que seront tentés les nouveaux procédés de culture, les importations en grand de produits étrangers ; c'est par eux que les mines seront exploitées, et que toutes les richesses de l'Algérie seront utilisées.

ADMINISTRATION

L'administration a passé, comme la colonisation elle-même, par bien des phases et bien des tâtonnements.

C'est en 1834 seulement que fut établie une organisation véritable de la conquête. Le 22 juillet une ordonnance royale déclara, que « *les possessions françaises dans le nord de l'Afrique* » seraient placées sous l'autorité d'un gouverneur général, qui aurait le pouvoir militaire et le pouvoir civil. Sous ses ordres étaient un lieutenant général, et les différents chefs des services administratifs. Drouet d'Erlon fut le premier gouverneur.

Le nom d'Algérie ne fut officiellement adopté pour nos possessions que par une ordonnance royale du 30 juin 1842, et le pays fut partagé en trois provinces: Alger, Oran, et Constantine.

Depuis ce moment, une des grandes difficultés fut la part à faire au pouvoir civil et au pouvoir militaire. Ce fut le pouvoir militaire qui pendant longtemps resta prépondérant et comme souverain.

Sous l'Empire, les hésitations ne cessèrent

pas, au contraire. On eut même un moment l'idée d'enrayer la colonisation. Les incertitudes du gouvernement suffisaient pour cette œuvre, sans qu'il fût nécessaire de le proclamer hautement. En 1858 on créait un ministère de l'Algérie et des colonies; il était supprimé en 1860, et le gouverneur général était rétabli. En 1863 on proclamait le royaume Arabe, et on reconnaissait aux tribus la propriété de tout leur territoire, qu'il fût, ou non, exploité par elles.

Depuis la fin de 1870, l'Algérie est complètement assimilée à la France. Elle envoie des représentants au Sénat et à la Chambre des députés.

A la tête de l'Algérie est aujourd'hui, depuis le 19 mars 1879, un « *Gouverneur général civil,* » qui représente le Président de la République. Il est assisté d'un Conseil de gouvernement, et d'un Conseil supérieur.

Tous les pouvoirs désormais relèvent de lui seul.

L'Algérie est partagée en trois départements : Oran, Alger, Constantine.

Mais dans chaque département subsiste encore une division, qui s'explique par l'histoire et les difficultés de la conquête, et par le grand rôle que dut nécessairement jouer notre armée.

On distingue le *territoire civil* et le *territoire militaire.*

Le *territoire civil* forme le département proprement dit, organisé et administré sur le modèle des départements français. Il est divisé en arrondissements, en commissariats civils, en communes; il a à sa tête un Préfet et un Conseil général; chaque arrondissement a un sous-préfet, chaque commissariat civil un commissaire civil, et chaque commune, dite de *plein exercice*, un maire et un conseil municipal.

En ce qui concerne le territoire civil, les divisions administratives sont les suivantes.

Département d'Alger, chef-lieu: Alger; sous-préfectures: Médéah, Milianah, Orléansville, Tizi-Ouzou.

Département d'Oran, chef-lieu: Oran ; sous-préfectures: Mostaganem, Mascara, Sidi-Bel-Abbès, Tlemcen.

Département de Constantine, chef-lieu: Constantine; sous-préfectures: Bône, Bougie, Guelma, Philippeville, Sétif.

Le *territoire militaire* comprend les pays où domine encore l'élément indigène. Par conséquent, il a été nécessaire pendant longtemps, et il est utile encore d'y centraliser fortement l'autorité, et de la remettre entre les mains des chefs mêmes de l'armée.

Le territoire militaire forme dans chaque département une division militaire, partagée en subdivisions et en cercles. A la tête de la division est un général de division; à la tête de la subdivision un général de brigade; à la tête du cercle un commandant de cercle.

Le département d'Alger forme une division militaire dont le chef-lieu est Alger; les subdivisions sont Dellis, Aumale, Médéah, Orléansville.

Le département d'Oran a pour chef-lieu de la division militaire Oran, pour subdivisions, Mascara et Tlemcen.

Le département de Constantine a pour chef-lieu de la division militaire Constantine, pour subdivisions Bône, Sétif, Batna.

L'autorité s'exerce sur les indigènes par les bureaux Arabes établis dans les subdivisions et les cercles.

L'armée comprend 56.000 hommes placés sous la direction du commandant du 19e corps d'armée.

Pendant longtemps l'Algérie fut, presque tout entière, composée de territoires militaires. Le territoire civil ne formait dans ce qu'on appelait les départements, que des points isolés, de véritables petits îlots.

En 1877 encore, il ne comprenait que 41,000 kil. carrés sur la superficie totale de l'Algérie.

Depuis deux ans les choses ont complètement changé, le territoire civil a été considérablement agrandi ; il comprenait en 1880 100,000 kilomètres carrés, et des décisions récentes ont encore préparé une extension plus considérable.

Il renfermait, au 31 décembre 1879, 181 communes de plein exercice, c'est à dire ayant absolument l'organisation des communes françaises.

Au 1er Janvier 1881, le territoire civil devait correspondre, ou peu s'en faut, à la grande région physique du Teil.

LES PROGRÈS FAITS ; LES RESSOURCES ; LES PROGRÈS PRÉPARÉS.

Le cinquantenaire de la conquête de l'Algérie est une date tout indiquée, pour se demander quels progrès ont été réalisés pendant ce laps de temps, pour établir ce qu'on pourrait appeler le bilan de la colonie. A-t-on fait en Algérie tout ce qu'on pouvait faire? A-t-on fait quelque chose? Nous avouons que, pour bien des causes, l'Algérie n'avait pas, pendant bien longtemps, été ce qu'elle doit être. Il y avait eu autour d'elle trop d'indifférence, on pourrait presque dire de méfiance, soit dans la nation, soit dans le gouvernement. Et cependant des progrès, lents sans doute, mais incontestables, ont été réalisés. Il faut ajouter que depuis dix ans un changement notable s'est accompli dans les idées; on ne reste plus autant qu'autrefois étranger à la destinée de nos colonies, elles attirent plus l'attention, elles sont l'objet de préoccupations sérieuses.

Un peu de statistique nous montrera ce qu'est devenue l'Algérie et ce qu'elle peut devenir.

Étudions la population d'abord, puisqu'elle est le grand agent, en même temps que le principal signe du développement d'un pays. La comparaison ne peut guère être faite pour les races indigènes ; il est probable qu'il y a eu là eu de changements. Elle est au contraire facile et instructive, quand il s'agit des émigrants.

En 1833 il y avait à peine : 8,000 Européens
En 1845 95,000
En 1866 218,000
En 1876 345,000
En 1877 390,000

Sur ces étrangers il y avait :

En 1833 . . . . 3,500 français.
En 1845 45,000
En 1866 122,000
En 1876 156,000
En 1877 195,000

En somme et pour l'année 1877, le chiffre de la population sédentaire est celui-ci :

Français nés en Algérie	64,512.
en France	130,260.
Étrangers naturalisés	4,020.
Israélites naturalisés	33,506.
Étrangers résidant en Algérie .	158,367.
Indigènes musulmans	962,146.
Total :	1,352,811.

Passons à la culture :

En 1830 les cultures européennes occupaient. . . . . 200 hectares
En 1833 2,000
En 1876 1,000,000

En 1878-79, *pour les céréales seulement*, il y a eu 342.000 hectares cultivés par les Européens, contre 2,450,000 cultivés par les indigènes.

La culture de la vigne a été introduite récemment.

En 1850 elle s'étendait sur 800 hectares.

En 1867 elle s'étendait sur 8,600 hect. produisant 76,000 hectolitres.

En 1876 elle s'étendait sur 13,000 hect. produisant 243,000 hectolitres.

En 1879 elle s'étendait sur 20,000 hect. produisant 350,000 hectolitres.

La culture de la vigne est une de celles qui présentent en Algérie le plus d'avenir, surtout depuis que nos vignes françaises sont compromises par le phylloxéra. Or, la plus grande partie de l'Algérie, le désert même se prête à cette culture, puisque nous avons vu des vignes réussissant à Tuggurt.

Les progrès sur ce point sont incessants et rapides, car pendant l'année 1879 on a conquis 2,100 hectares.

Le tabac (10,000 hectares), l'olivier (1,600,000 pieds dont 600,000 aux Européens), le murier (215,000 pieds), les arbres fruitiers (4,350,000 dont 1,900,000 aux Européens), les citronniers, orangers (590,000, dont 450,000 aux Européens), les plantes potagères (30,000 hectares), les fleurs odoriférantes offrent à la colonisation une grande richesse et à la culture des éléments remarquables. L'Algérie nous envoie depuis longtemps, non-seulement ses oranges, mais ses fruits, ses légumes ; et la production de l'huile d'olive en particulier ne peut manquer d'y prendre un grand développement.

Les prairies couvrent une superficie considérable ; le bétail est et peut devenir une des sources principales de richesse.

En 1879 on a recensé 14,000,000 de têtes de bétail dont :

156,000	chevaux,
320,000	mulets ou ânes,
195,000	chameaux,
1,200,000	bœufs, vaches, etc.,
8,600,000	moutons,
3,470,000	chèvres,
57,000	porcs.

(*État de l'Algérie pour l'année* 1879).

Mais sur ce total les Européens ne possèdent que 430,000 têtes.

L'exportation du bétail vivant a donné en 1879 une plus-value de 860,000 fr. sur 1878, et s'est élevée au total à 27 millions de francs. Si l'on ajoute les différents produits : laines, cornes, etc., il faudrait augmenter ce chiffre de 18 millions, soit 45 millions au total.

L'exportation de l'Alfa est toujours en progrès ; la valeur exportée en 1879 est de 9,390,000 fr. contre 9,180.000 fr. en 1878.

Les forêts sont une des plus grandes richesses de l'Algérie ; elles s'étendent surtout dans la province de Constantine, dans la grande Kabylie. Elles couvrent 2,000,000 d'hectares.

Les principales essences sont le chêne-liège, le chêne vert, le pin, le cèdre.

Malheureusement, soit par la malveillance, soit par les habitudes de négligence des indigènes, qui autrefois ne connaissaient qu'un procédé de défrichement, le feu, les incendies sont fréquents, et furent pendant longtemps un des fléaux de l'Algérie.

En 1879 encore, on a compté 220 incendies qui ont ravagé 18,000 hectares, et causé une perte de 625,000 fr. Au moins a-t-on pu établir que 150 environ de ces incendies n'étaient pas dus à la malveillance.

Du reste une loi de 1874 a intéressé les indigènes eux-mêmes à surveiller les bois ; car elle a établi, dans certains cas, contre les communes et les douars une responsabilité pécuniaire collective.

L'Algérie a de grandes richesses minérales ; elle a des carrières de pierre, de marbre, d'onyx, d'ardoises.

Elle a de grands dépôts salins, la plupart exploitables à ciel ouvert.

Quant à la richesse métallique proprement dite, elle est destinée à prendre un accroissement très considérable, dès que se seront développées les voies de communication.

A la fin de 1879, 32 mines étaient concédées en Algérie. En 1880 4 concessions nouvelles ont été faites, mais 18 seulement sur les 36 donnent lieu à une exploitation.

Les principaux minerais sont : le fer, le cuivre, le plomb. Les mines de fer surtout sont de premier ordre ; celles qui se trouvent près du mont Edough sont divisées en 3 concessions et occupent 1,550 ouvriers.

Une mine de cuivre à 20 kil. de Bône occupe 250 ouvriers. La Calle a dans son voisinage une mine admirable à Kef-Oum-Theboul. « Le Kef est un piton isolé de 420 m. d'altitude et taillé en pain de sucre ; la galerie de Sainte-Barbe, qui a déjà plus de 800 m. de long, traversera le Kef. Oum-Theboul est aujourd'hui un des plus beaux établissements industriels de l'Algérie ; le camp retranché peut contenir 1,000 personnes. Le personnel de l'administration et les ouvriers qui sont au nombre de 300 sont logés dans un vaste batiment, qui forme deux des côtés du camp. A 2 kil, se trouve un barrage qui retient des milliers de mètres cubes d'eau servant à laver le minerai. » (Bainier — *Afrique*).

Entre Alger et Aumale s'étendent des mines

de zinc argentifère très-riches ; tout autour de Guelma des filons considérables ; près de Blidah les mines de cuivre du Mont Mouzaïa. Mais la houille manque en Algérie, et jusqu'à présent elle exporte son minerai au lieu de le travailler.

En 1879 on a exporté 4,380,000 quintaux métriques de minerai de fer valant :	7,000,000 fr.
30,000, de cuivre, valant	295,000 fr.
25,000, de plomb, valant	1,110,000 fr.
Total :	8,405,000 fr.

En 1878 la valeur exportée n'était que de 7,580,000 fr. (*Etat de l'Algérie*). La production en 1859 était au total de 860,000 fr. !

Pour apprécier en somme la force de production de l'Algérie, prenons les chiffres de son commerce avec l'extérieur.

En 1831 il s'élevait à . . .	8,000,000 fr.
En 1840 il n'était encore que de	20,000,000 fr.
En 1850	92,000,000 fr.
En 1860	157,000,000 fr.
En 1870	297,000,000 fr.
En 1876	380,000,000 fr.
En 1879 il donne . . .	424,000,000 fr.

Sur ces chiffres l'exportation des produits Algériens entre, en 1879, pour 152 millions ; l'importation de produits étrangers donne 272 millions.

Le commerce total donne 57 millions de plus qu'en 1878.

La France a-t-elle le même intérêt que l'Algérie au développement de la colonisation? ceci revient à se demander si la plus grande partie de ce commerce se fait avec nous. En 1879 nous avons fourni à l'Algérie 75 0/0 des matières dont elle a eu besoin, nous lui avons pris 70 0/0 des objets qu'elle a exportés. Ce sont des chiffres qui portent avec eux leur preuve, puisque, sur les 424 millions de commerce Algérien, les 2/3 c'est-à-dire à peu près 320 millions ont passé par des mains françaises.

Pour développer l'agriculture, l'industrie, le commerce, les rapports avec la France, un des moyens les plus sûrs, c'est de multiplier les voies de communication. Qu'a-t-on fait dans ce sens?

En 1830, il n'y avait pour ainsi dire pas de routes, au moins de routes entretenues. Les premières qui furent faites furent des routes militaires encore plus que commerciales, et le maréchal Bugeaud comprit admirablement que, des voies de communication, dépendait l'avenir de notre domination et de la colonisation même. Mais une fois les points stratégiques reliés, il y eut un moment d'arrêt; et l'Algérie, malgré les efforts faits dans ces derniers temps, n'a pas assez de moyens de communication.

Voyons quels sont ceux qui s'ouvrent à l'intérieur, et d'abord les routes.

Les routes nationales ju[illegible] 1870 n'étaient qu'au nombre de 5, correspondant à une longueur de 1,800 kil. Une loi de 1879 a porté à 10 le nombre de ces routes, dont la longueur totale sera désormais de 3000 k., et qui mettront en communication les principales villes du Tell, ou le Tell et le Sahara.

A côté des routes nationales, les routes départementales, les chemins de grande communication, ou d'intérêt commun, arrivent à une longueur de 7,600 kilomètres.

Ce qui fait au total pour les chemins frayés 10,600 kil. Les chemins de fer au 1er janvier 1880 n'avaient qu'une longueur de 1,280 kil.

La ligne la plus longue est celle d'Alger à Oran, elle compte 425 kil., et le trajet se fait en 13 heures. Il manque encore aujourd'hui une ligne, que la nature et la politique indiquent également : celle d'Alger à Constantine. Elle n'est que commencée aux deux extrémités, d'Alger à l'Alma, de Constantine à Sétif. Il reste un grand espace à parcourir, et surtout les défilés redoutables de l'Isser à franchir.

C'est la province de Constantine qui a le plus grand nombre de chemins de fer ; en effet Constantine est reliée à Philippeville, à Guelma et Bône, à Sétif ; ce qui donne une longueur kilométrique de voies ferrées de 445 kil. Ces lignes doivent être rattachées à la ligne qui va de la frontière française à Tunis.

Dans la province d'Oran, la ligne principale,

en mettant à part celle d'Oran à Alger, est celle d'Arzew à Saïda et aux plaines d'Alfa.

La question des routes et des chemins de fer est évidemment la question vitale pour l'Algérie. Le développement des voies de communication intéresse son avenir et l'avenir de la France. Tout ce qu'on fera dans ce sens sera une œuvre utile, à condition qu'elle se fasse progressivement.

Peut-être ne faut-il pas songer trop tôt à ce fameux chemin de fer transsaharien. Viser à établir des communications avec le Sénégal à travers le désert, est une préoccupation trop légitime et trop nationale, pour qu'on ait grand cœur à la combattre. Mais faut-il réaliser ce beau projet, alors que Constantine reste encore isolée d'Alger, alors que des villes comme Médéah, Tlemcen, Biskra ne sont reliées à la capitale que par des routes ! Quand on aura constitué dans le Tell et le Plateau un puissant réseau de voies ferrées, alors la question des communications rapides avec le désert se posera et se résoudra comme d'elle-même. Jusque-là, c'est peut-être chercher l'effet produit plutôt que les résultats positifs, que d'annoncer et d'exécuter des études périlleuses et coûteuses, on sait combien, pour le Transsaharien.

Quels sont les moyens de communication entre l'Algérie et la France? Le grand port en relations avec notre colonie est surtout Marseille, où sont organisés des services réguliers de bateaux à vapeurs sur Bône, Philippeville,

Alger, Oran. Le trajet entre Marseille et Alger se fait en 36 heures au minimum. Depuis 1879 un service plus rapide par la voie de mer a été établi. Le point de départ en est fixé à Port-Vendres, d'où la distance sur Alger se franchit en 32 heures environ.

En définitive, un voyageur parti de Paris à 7 heures 1/2 du soir, peut, le surlendemain à minuit, débarquer dans le port d'Alger. C'est à peu près le temps qu'on mettait autrefois pour aller de Paris à Lyon en diligence. Un commerçant que ses affaires appellent à Bône, à Alger, ou même à Constantine, peut quitter Paris un samedi soir, et se trouver sans peine de retour le dimanche suivant.

La transmission de la pensée se fait encore bien plus rapidement, puisque l'Algérie est reliée à la France par deux cables sous-marins.

CONCLUSION

—

Ce n'est pas sans raison qu'on a dit de l'Algérie que c'est une terre française. Française, elle l'est par la plupart de ses productions, par le nombre de nos compatriotes qui s'y sont fixés, par le sang de nos soldats qui l'a arrosée, par mille liens, matériels et moraux, qui la rattachent à la mère-patrie.

Cette année même, de grands événements se sont passés dans ce pays, où il semble que la conquête pacifique et la conquête militaire soient destinées à marcher presque du même pas. La Société française pour l'avancement des sciences avait décidé que son congrès annuel se tiendrait à Alger. C'était le moyen le plus solennel de célébrer le cinquantenaire de la conquête et de faire connaître aux français de France les français d'Algérie. Un nombre considérable d'hommes de toutes classes et de toutes professions : savants, artistes, professeurs, industriels, répondirent à cet appel. Ce fut comme la prise de possession du pays par l'esprit de la France.

Par une coïncidence remarquable, au moment même où les hommes de science s'embarquaient à Marseille, le port de la paix, nos troupes s'embarquaient à Toulon, le port de guerre.

A la suite de difficultés survenues avec le bey de Tunis, et d'actes d'agression commis par une peuplade jusque là ignorée, les Kroumirs, une expédition avait été décidée contre la Tunisie. Elle aboutit à la reconnaissance par le bey, du protectorat de la France. Ce succès eut peut-être pour résultat d'empêcher dans notre colonie une insurrection générale, dont elle n'a ressenti que les symptômes.

Ainsi tout ramène, tout attire notre attention sur l'Algérie ; mais il faut, qu'après les émotions pacifiques ou militaires, le travail de la colonisation se continue. Celui-là ne peut se faire que méthodiquement. C'est à nous, français de tout âge, d'y coopérer, chacun pour notre part, si petite qu'elle soit. Enfants ou hommes faits, nous ne pouvons pas tous franchir la Méditerranée, et cependant, qui sait jamais ce que lui réserve l'avenir ? En tout cas nous pouvons, nous devons apprendre à connaître l'Algérie, à la considérer comme une partie intégrante de notre unité nationale, à nous intéresser au spectacle de travail, de progrès, de civilisation qu'elle nous offre. L'Algérie est mieux qu'une colonie, mieux qu'une possession de la France, c'est le prolongement même de la patrie au-delà de la Méditerranée.

FIN

Saint-Amand. — Imprimerie de DESTENAY.

TABLE DES MATIÈRES

La Conquête.

Géographie.

FIN DE LA TABLE

Imprimerie de Destenay, à Saint-Amand (Cher.)

DE LA MÊME COLLECTION

PREMIÈRE SÉRIE

Jeanne Darc, par *Henri Martin*, Sénateur, Membre de l'Académie française ;

La République des États-Unis — Sa Fondation — Rôle de la France, par *Hippolyte Maze*, de l'École normale supérieure, député de Seine-et-Oise.

Les Généraux de la République, Kléber, par le même.

Colbert, par *Augustin Challamel*, auteur des Mémoires du peuple français ;

Carnot, par *H. Depasse*, conseiller municipal de la ville de Paris.

Les Petits Maraudeurs, par *Aubin*, ancien professeur de l'Université ;

Devoirs et Droits de l'Homme, par *H. Marion*, professeur de philosophie au Lycée Henri IV, membre du conseil supérieur de l'instruction publique.

Le Chancelier L'Hospital, par *L. Anquez*, inspecteur de l'académie de Paris.

Histoire de la littérature française des origines au XVIIe siècle, par *F. de Parnajon*, professeur au lycée Henri IV.

L'Algérie, une seconde France, par *J. Lemonnier*, professeur d'histoire au lycée Saint-Louis.

Le Remplaçant, nouvelle, par *Henri Druon*.

Les Colonies Françaises, par *E. Guillon*, professeur d'histoire au lycée de Lyon.

Histoire de la formation de nos frontières, par *Gazeau*, professeur d'histoire au lycée Fontanes.

CONDITIONS DE VENTE

Exemplaire broché	1 fr.	»
— cartonné papier gaufré	1	25
— cartonné toile, tranches jaspées	1	50
— — — dorées	1	75

Saint-Amand. — Imp. et stér. brévetées de DESTENAY.

120

www.ingramcontent.com/pod-product-compliance
Ingram Content Group UK Ltd.
Pitfield, Milton Keynes, MK11 3LW, UK
UKHW020225220726
13923UKWH00002B/526